雕塑上的中山大学

李庆双　崔秦睿 ◎ 编著

中山大學出版社
SUN YAT-SEN UNIVERSITY PRESS
·广州·

版权所有 翻印必究

图书在版编目（CIP）数据

雕塑上的中山大学/李庆双，崔秦睿编著.—广州：中山大学出版社，2020.4

ISBN 978-7-306-06854-5

Ⅰ. ①雕… Ⅱ. ①李… ②崔… Ⅲ. ①中山大学—史料 ②中山大学—雕塑—介绍 Ⅳ. ①G649.286.51 ②J327

中国版本图书馆CIP数据核字（2020）第048470号

出 版 人：王天琪
策划编辑：赵　婷
责任编辑：赵　婷
责任校对：黄燕玲
封面设计：林绵华
装帧设计：林绵华
责任技编：何雅涛
出版发行：中山大学出版社
电　　话：编辑部 020-84111946，84110779
　　　　　发行部 020-84111998，84111981，84111160
地　　址：广州市新港西路135号
邮　　编：510275　　传　真：020-84036565
网　　址：http://www.zsup.com.cn　E-mail:zdcbs@mail.sysu.edu.cn
印 刷 者：佛山市浩文彩色印刷有限公司
规　　格：787mm×1092mm　1/16　18印张　250千字
版次印次：2020年4月第1版　2020年4月第1次印刷
定　　价：45.00元

如发现本书因印装质量影响阅读，请与出版社发行部联系调换

目 录

- I 前言 不搭 后语（代序）/ 李庆双

1 校门石牌坊

- 3 先生之风，山高水长
  ——孙中山先生亲手创办中山大学 / 崔秦睿
- 8 英语教育家戴镏龄 / 毕玉婷
- 14 世界物理大师杨振宁的中大情缘 / 苏幼真
- 21 鲁迅在中山大学践行读书与革命 / 孙正阳
- 27 国际著名的寄生虫学家陈心陶 / 李嘉丽
- 33 霍庆棠与马应彪夫人护养院 / 李嘉丽
- 38 "摇篮"铜像 / 李庆双
- 43 "呵护 翱翔"组合雕塑 / 李庆双
- 47 音乐人生家国情 / 崔秦睿

- 54 奔跑吧，中大人
    ——英东体育馆"倒挂金钩"雕塑 / 李庆双
- 58 独立之精神，自由之思想
    ——一代宗师陈寅恪学术与生命浑然一体 / 邓敏灵
- 64 承志家国，百折不挠
    ——廖承志起伏一生写传奇 / 孙正阳
- 71 学贯中西，行为世范，一位儒雅长者
    ——中大校友端木正的一生 / 孙正阳
- 78 愈经霜雪愈精神的教育家邹鲁 / 苏幼真

85 校歌

- 87 开辟教育新天地的教育家许崇清 / 张凡
- 93 革命的教育家黄焕秋 / 苏幼真
- 99 弱冠成名的学者——商承祚 / 黄佰全
- 104 著名史学家金应熙 / 王惟鼎
- 110 著名考古学家安志敏 / 王惟鼎
- 115 德智善并行的金融巨子何善衡 / 毕玉婷
- 120 马应彪对中山大学的厚爱延续至今 / 崔秦睿
- 125 寒门院士陈国达的大写人生 / 崔秦睿

- 132 思想之种远扬
    ——达尔文在中山大学 / 孙正阳
- 137 领带大王曾宪梓的拳拳赤子心 / 邓敏灵
- 144 "南中国生物防治之父"蒲蛰龙 / 张凡
- 150 在康乐园资文助理的马文辉 / 崔秦睿
- 156 身边的慈善家梁銶琚 / 黄佰全

(161) 校训

- 163 十八先贤爱国救国前仆后继 / 邓敏灵
- 170 龙康侯：让中国人在国际上占有一席位置 / 李嘉丽
- 176 高分子学界泰斗林尚安 / 李嘉丽
- 182 著名光谱物理学家高兆兰 / 黄佰全
- 188 岭南大学首任华人校长钟荣光 / 王钰杰
- 194 带领岭南大学渡过民族危亡岁月的李应林 / 王钰杰
- 199 治学掌校的著名教育家陈序经 / 王钰杰
- 205 中大医科见证孙中山早年广州学医 / 崔秦睿
- 210 全才型大师梁伯强 / 梁碧素
- 218 "苛刻"的完美主义者
    ——记病理学泰斗秦光煜 / 陈钇疃

- 223 "白衣天使"雕塑／巫海维
- 227 "人间天使"雕塑的述说／崔秦睿
- 235 续写南丁格尔精神／张一荻
- 241 红色医生、医学教育家柯麟／崔秦睿
- 247 照亮人民的拓荒者
    ——中国现代眼科奠基人陈耀真／陈钇曈
- 253 精心播种育芳香
    ——光明天使毛文书与她的事业／陈钇曈
- 259 播撒光明，传递博爱
    ——李绍珍的教师情怀／陈钇曈
- 264 树人树德、百行重德的慈善家伍舜德／张一荻
- 270 "世界和平女神"雕塑傲立伶仃洋前／李庆双

273 校徽

- 275 后记

前言　不搭　后语（代序）

李庆双

中山大学以红墙绿瓦和芳草地而闻名，但鲜有人提及散落于校园各处的雕塑。这些雕塑以人物造型为多，材质不一，形象各异，大小不同。既有单个雕塑，也有群雕；有室内和室外雕塑之分，也有真实人物和虚拟人物雕塑之别。真实人物雕塑中，既有中山大学的创办人孙中山，也有知名学者，如陈寅恪、鲁迅等，还有校友冼星海、曾宪梓等，也包括了梁銶琚、马文辉等捐赠者，还有一些与中山大学直接或间接相关者，如廖承志、达尔文等。这些真实或虚拟的人物雕塑，通过艺术造型的方式，静静地向人们展示着各自的人物风貌和内心世界，也彰显着中山大学的历史和文化传统及精神特质。相比于红楼，这些人物雕塑更有直接的文化熏陶和教育意义。因为红楼只是体现建筑的外在美感，并不能直接体现内在的精神气质。如果你了解了这些人物雕塑，相信你就了解了大部分中大历史，之所以给本书命名为《雕塑上的中山大学》，也正是此意。

为了收集、整理和呈现这些人物雕塑，体现中山大学的环境育人功能，打造良好的校园文化，我在传播与设计学院组建了撰写《雕塑上的中山大学》的学生团队，并申请了学生处的校园公益重点项目。有了人力和财力的支持，我开始构思这本书的框架。

之前所看的一本书《人生的休止符》启发了我。《人生的休止符》将100多位西方名人墓志铭或墓地背后的故事娓娓道来，展示了名人们不凡的生命历程及其身前身后的种种轶闻，且图文并茂、语言优美,不但富有知识性和趣味性,还能令读者收获无数的人生感悟和教益。《人生的休止符》这本书的框架包括两个部分,除图片外,每篇文章前都有一句主人公的格言或警句,正文是主人公的精彩人生片段。

于是我将《雕塑上的中山大学》这本书定位为兼具文学性和档案性,要好看还有真实性,要图文并茂,文字不宜过长,3000字左右即可。文章框架分为三部分,开头是人物格言或警句,正文是人物风采,结尾是人物档案。在收集人物雕塑时,希望把几个校区的室内外人物雕塑,不管是真实或虚拟的,全部整理和记录成册,不要有遗漏,使这本书成为中山大学第一本完整记录人物雕塑的大全,这是我的心愿和志向。以后,在查找校园雕塑或有新雕塑需要补充时,这本书就是最好的参考。令人欣慰的是,这本书虽还未正式出版,但已取得阶段性成果并引起广泛关注和好评,部分作品以展板的形式先后在广州校区东校园行政会议中心大厅、南校园图书馆和珠海校区图书馆展出。有些文章被中大校报分期刊载。许多师生都希望这本书能尽快出版。

这本书之所以能编写成书,首先要感谢传播与设计学院的学生团队,他们分成文字组、摄影组、设计组和联络组,深入几个校园对人物雕塑进行收集和整理,付出了艰辛的努力,也取得了积极成果。由于崔秦睿老师在后记中有提及他们的名字,我不在此赘述,但这本书和中山大学的校史会铭记他们的名字。我要感谢时任学生处处长漆小平、副处长钟一彪对这本书的关心和支持,特别是在经费方面的鼎力相助。更要感谢的是我的拍档档案馆崔秦睿老师,他不但对学生团队给予具体指导,亲自修改和补充学生写得不够准确

和完善的文章，还直接撰写了若干篇文章。记忆最深刻的是，为了弄清英东体育中心广场前的"倒挂金钟"雕塑上模糊的碑文，我和崔老师在正午的阳光下跪在碑文旁，一个字一个字地进行辨认，多亏了崔老师的广闻博记，才最终完成了碑文的辨认工作，此情此景也成了这本书的特殊印记。要特别感谢中山大学原党委书记李延保，为了写珠海校区"世界和平女神"雕塑，我曾电话采访过李书记，他给予了热情的讲解和指点。还要感谢中山大学出版社的编辑赵婷老师和林绵华老师一直以来在本书的编辑和设计等方面所给予的大力支持和帮助。衷心感谢所有关心和支持这本书的人，希望这本书的出版能满足他们的心愿，也希望不足的地方能得到他们的谅解。

李庆双

2017年7月13日于中山大学广州校区东校园

校门石牌坊

原国立中山大学石牌校区南门石牌坊由岭南著名建筑师杨锡宗设计,广州源记成建筑公司承建,1934年10月动工,次年10月竣工。牌坊中门外、内门额分别镌刻时任校长邹鲁所书"国立中山大学"和"格致诚正修齐治平"等字。

现中山大学广州校区南校园北校门、东校园北校门石牌坊正是按照原石牌校区南门石牌坊的样式,分别于2001年、2004年兴建的。2016年校庆前夕,中山大学依照修复后的石牌校区牌坊,对广州校区南校园、东校园的石牌坊匾额文字进行修复,正面刻:"国立中山大学 中华民国二十四年二月一日 邹鲁书",背面刻:"格致诚正修齐治平 中华民国二十四年春 邹鲁敬书"。

先生之风，山高水长
——孙中山先生亲手创办中山大学

崔秦睿

人物格言

博学，审问，慎思，明辨，笃行。

——孙中山

人物风采

中山大学广州校区南校园、东校园以及珠海校区都奉置着同样的左手叉腰、右手前伸，演讲、宣传三民主义的造型的孙中山铜像。其中，南校园的铜像是由孙中山的好友、日本友人梅屋庄吉赠送的，其他两尊按照原样复制（图1）。1895年孙中山与梅屋庄吉在香港首次见面，便一见如故，梅屋庄吉把援助孙中山的革命事业作为人生的主要内容和精神支柱。1925年3月12日孙中山与世长辞，梅屋庄吉悲痛万分，决定铸造孙中山铜像，宣传孙中山的丰功伟绩。于是，就有了我们现在看到的孙中山铜像。孙中山铜像已经成为中大人的精神图腾，南校园永芳堂室内外，北校园图书馆、医博馆等处都有神态、造型各异的孙中山铜像，激励着一代又一代的中大人。

中山大学是伟大的民主革命先行者孙中山亲手创办的，先生的诞辰日11月12日也是中山大学校庆日。

图1 南校园孙中山雕塑

孙中山晚年,意识到培养军事人才和建设人才的重要性,于1924年先后创办黄埔军官学校、国立广东大学(即今之中山大学)。孙中山重视教育,并对教育有精到的理解。1921年6月30日,在广东省第五次教育大会闭幕式的演说中,他开宗明义:"诸君乃教育家,须知教育者乃引导人群进化者也。然能令人群进化最速者果何力乎?则政治的力量是也。政治是促人群进化之唯一工具,故教育家当为政治的教育家。"

孙中山非常重视革命人才的培养。1924年1月27日到8月24日,孙中山利用每个星期天到中山大学的前身国立广东大学礼堂(今广州市文明路鲁迅纪念馆大钟楼内礼堂)演讲三民主义。据可考文献,国立广东大学是孙中山最多、最系统演讲自己的学说的地方。孙中山说,三民主义就是救国主义,就是民有、民治、民享。这个民有、民治、民享的意思,就是国家是人民所共有,政治是人民所共管,利益是人民所共享。1924年3月9日,孙中山在演讲时引用孔子的话:

"大道之行也，天下为公。"他说这句话便是主张民权的大同世界。

孙中山非常节俭。1924年，日理万机的孙中山先后16次往国立广东大学系统讲演三民主义。开始的时候，他每次都是从滨江路的大元帅府乘坐电船过江，然后再换乘汽车前往国立广东大学。同行的有秘书、副官和卫士10多人，需要乘坐小汽车三部。有一次，孙中山回到大元帅府，吩咐副官把庶务长请来，问他每次到国立广东大学讲演，往返的汽车费要多少。庶务长回答说："每往返一次，三部汽车共计要十五元。"孙中山一听，大吃一惊，说："往返路程不到五华里，便要付出车费十五元，花费太多了，以后不必用汽车了。"从此以后，孙中山要到国立广东大学演讲时，从大元帅府码头乘船到天字码头，再与随员一起步行近半个小时，经永汉路（今北京路）抵达文明路国立广东大学礼堂。

中山大学民国时期及目前的校徽，主体部分采用了文明路时期学校的标志性建筑——大钟楼。孙中山在创校之初就命邹鲁建设新校，解决多校区办学问题。邹鲁在石牌建设新校，由于战事频仍，经济极度困难，附中及医学院分别留在文明路、百子岗（今中山大学中山医学院所在地）。孙中山铜像最初奉置在石牌校区，后因院系调整，中山大学迁址康乐园，与岭南大学合并，孙中山铜像遂奉迎南校园现址。

孙中山在康乐园先后有三次演讲。1912年5月7日，孙中山莅临岭南学堂（岭南大学前身）参观，在马丁堂前向员生作《非学问无以建设》之演讲。1923年12月21日，孙中山再度访问岭南大学，并在怀士堂向岭南大学员生发表演讲，希望学生担负起建设民国的责任，"立志要做大事，不可要做大官"。1924年5月1日，孙中山莅临岭南大学，出席在怀士园（即怀士堂前大草坪）举行的黄花岗七十二烈士纪念大会。他勉励学生爱惜光阴，发奋读书，研究为人类服务的各种学问；要立志为国家服务，为社会服务。有演讲专著将孙中山这篇演讲作为"步步深入，一气如话"的典范，供研究者学习。

1924年11月3日，孙中山北上前在黄埔军官学校举行告别演说。他特地雇船把国立广东大学全体师生运到黄埔军校，与军校员生一起聆听演讲。他说，"诸君今天在这地听讲的，有文学生，又有武学生。""中国革命，十三年来都是不成功，你们黄埔的武学生，都是从各省不远数百里或者是数千里而来，到这个革命学校来求学，对于革命都是有很大希望，很大抱负的；广大的文学生，今日也是不远数十里到黄埔来听革命的演说，研究革命的方法，对于革命的前途，也当然是很希望成功的。大家要希望革命成功，便先要牺牲个人的自由，个人的平等。把各人的自由、平等，都贡献到革命党内来。""中国革命之所以失败，是误于错解平等、自由。革命本来是政治事业。""大家要希望革命成功，便先要牺牲个人的自由，个人的平等。""我今天到此地讲话，是要离开广东北上，临别赠言。没有别的话，就是要大家拿出本钱来，牺牲自己的平等、自由，更把自己的聪明才力，都贡献到党内来革命，来为全党奋斗。大家能够不负我的希望，革命便可以指日成功。"

孙中山有着极强的人格魅力，吸引了无数有志于革命的仁人志士追随，孙中山的私人秘书黄昌谷先生就是其中一位。

黄昌谷（1889—1959），字富廷，号贻荪，湖北省蒲圻县新店泉坑垄（今赤壁市新店镇朱巷村）人，在美国哥伦比亚大学获冶矿硕士学位，获聘到美国哈壳冶炼公司从事研究工作。他追随孙中山，放弃了在美国的工作。孙中山在国立广东大学演讲三民主义期间，黄昌谷每次均随孙中山前往，并速记其演讲内容，随后校译、整理并发表。1924年国立广东大学档案之中，"演讲记录人"一栏有多处可以看到黄昌谷的名字。黄昌谷参与筹备中山大学，受聘中山大学教授、工学院院长，讲授三民主义及钢铁等课程。

作为中国资产阶级民主革命的思想总论，三民主义从1905年推出开始，就不断完善。这当中饱含了孙中山及其追随者的心血。邹

鲁回顾：" 演讲时，黄君昌谷笔记，笔记誊清后，总理命我读校；并嘱我除将笔记之文字校正外，如有意见，不妨尽量参加。"邹鲁对笔记先从篇章再到词句，四读、四校、四改，确保忠于孙中山的原意，又文辞字句无误。

孙中山给中山大学留下了丰厚的历史遗产。怀士堂南、学校主干道上先生亲笔题写的校训"博学、审问、慎思、明辨、笃行"，小礼堂正门右上方石匾上铭刻着先生在此演讲的名言"立志，是要做大事，不可要做大官"，激励着每日过往的中大师生及来宾。1924年6月21日，孙中山给国立广东大学学生的毕业典礼训词"学海汪洋，毓仁作圣。大学毕业，此其发轫。植基既固，建业立名。登峰造极，有志竟成。为社会福，为邦家光。勖哉诸君，努力自强"，则给予所有毕业生在人生新的起点以新的动力。

毛泽东说："孙先生是一个谦虚的人，我听过他多次讲演，感到他有一种宏伟的气魄。"[①] "今天的中国是历史的中国的一个发展；我们是马克思主义的历史主义者，我们不应当割断历史。从孔夫子到孙中山，我们应当给以总结，承继这一份珍贵的遗产。"[②]

人物档案

孙中山（1866—1925），名文，幼名帝象，谱名德明，字载之，号日新，又号逸仙（1886年，其汉语教师区凤墀牧师依"日新"粤语谐音改成，"孙逸仙"的粤语发音为Sun Yat-sen），后人将其本姓与化名连用，通称孙中山。广东香山县翠亨村（今广东中山）人，医生、政治家、革命家。著有《建国方略》《建国大纲》《三民主义》等传世。

---

① 《毛泽东文集》第七卷，人民出版社2009年版，第157页。
② 《毛泽东文集》第三卷，人民出版社1991年版，第534页。

英语教育家戴镏龄

毕玉婷

人物格言

如何学好一门外国语，不只是在学习过程中同语言本身打交道的问题，还牵涉到背景知识。地理、历史、经济发展、社会制度、信仰等等，都构成这种背景知识，其影响直接、间接反映在语言中。

——戴镏龄

人物风采

走进中山大学外国语学院大楼，中庭一尊汉白玉雕像非常抢眼。雕像神情严肃，双唇紧闭，传统的对襟衫显现出人物由内而外的风貌。他就是中山大学外国语学院教授、广东外语教育体系创始人、外语教育家、翻译家、散文家、诗人戴镏龄（图1）。

说起戴镏龄，人们最熟知的就是他翻译了托马斯·莫尔的作品《乌托邦》。戴先生的翻译精妙，无论是中文还是外语，都功底深厚。

早年，戴镏龄留学英国，在爱丁堡大学攻读硕士学位。1939年学成回国，先后在武汉大学、安徽大学、中山大学等校执教。在中南五省外语院系合并入中山大学后，他一直在中山大学外语系任教。

戴镏龄博闻强识，专于英国语言文学，尤擅古典文艺批评，还旁涉图书馆学、语言和文艺、词典学和翻译学。戴镏龄的翻译以不失原文语言风格、精神实质见长，译诗尤是。莎士比亚十四行诗在中国有

图1 戴镏龄雕像

很多译本,戴镏龄的译本在音节和韵式的处理方面独辟蹊径。据悉,戴镏龄翻译十四行诗是为了追求他的妻子徐开蜀女士。戴镏龄"莎学"功底深厚,绝非一朝一夕可以练成,他曾用中英文写了多篇有关莎士比亚的论文,这些论文至今在我国"莎学"界享有盛誉。

除了《浮士德博士的悲剧》《乌托邦》等译作外,戴镏龄还是《英国文学史纲》(苏联版)的领衔译者。那时候中国一直没有一部自己的英国文学史,却要翻译苏联的教材,而翻译这部书的人都是英语界的英国文学专家,俄文只是他们的第二外语。

戴镏龄的学生王宾曾去戴家拜访,他拿着一篇原文为日语、译文为英语的文章给戴镏龄看。没想到戴镏龄一看就说:"这句话写错了。""这茶叶的东西您也懂?"王宾问。戴镏龄转身进了书房,从书架上拿出一本《茶经》,找到了一段话。王宾细看,竟是日本人引用《茶经》的原话,只不过日本人搞错了概念罢了。由此,戴镏龄的传统文化知识储备之丰厚可见一斑。

戴镏龄不仅满腹经纶，在工作方面也很乐于助人，帮别人看稿十分认真。外语系的王宗炎老师在《语言问题求教集》里曾介绍戴镏龄说："本校老师的文章，他看；外校不相识的人送来的，他也看。这里所谓看，不仅仅是从头到尾细读一遍，还包括翻书查书，追本溯源。"

一位戴门弟子说："我有文章总是送戴老看，因为他心明如镜，拿回来时总是批注得密密麻麻，既提疑问，又摆证据，弄得我非再下功夫不可。""有一次，戴老突然要送医院急救。原因就是看外校某人的论文，搞得太劳累了。"

戴镏龄的女儿戴铭苏回忆说，父亲晚年曾两次中风，但即使身体情况每况愈下，也要工作，将病房视为书房。在戴镏龄第一次中风病愈的当晚，有出版社登门约他为《英汉双解莎士比亚大辞典》作序，戴镏龄不顾医生的嘱咐，爽快地答应了出版社的要求。令人遗憾的是，戴镏龄在完成序的当晚再度中风，离开了人世。这篇序，也成了戴镏龄的遗作。

早在1934年，戴镏龄就利用近两个月的暑假时间完成了约10万言的《图书馆的财政问题》的翻译工作。他在《译者序言》中说："予于今年夏日译成此书。回忆暑假两个月中，玩时惕日，殖学荒怠，仅在迻译方面，稍稍着力；又以暑威逼人，时有郁蒸之思，下笔殊难自满。初意来校后，可从容将其斟酌损益，期于十分信达；但近因校课繁重，卒卒曾无须臾之间，一理宿债。"虽然由于"忽促付梓"，戴镏龄"自知疵漏难免"，但这翻译无论是速度还是精准度都是令人惊叹的。沈祖荣先生对戴镏龄的译著评价甚高："余阅毕此书，见其文笔流畅，内容切当，故甚嘉许戴君之发愤，而又想到我国图书馆之困难问题，财政亦其重要之一端，故乐为介绍，并付学校刊行之。"

戴镏龄重视英语背景知识，认为："如何学好一门外国语，不只是在学习过程中同语言本身打交道的问题，还牵涉到背景知识。地理、历史、经济发展、社会制度、信仰等等，都构成这种背景知识，其

影响直接、间接反映在语言中。甚至使用某种语言的民族对事物的分析方法和特殊观点，同样是值得参考的，因为和我们常不一样，这也属于一种背景知识。"

戴镏龄的研究兴趣十分广阔：西方文艺理论和文学批评史、中西文学批评比较研究、中西诗歌艺术的比较、中西文学中修辞手段的比较、西方古典文学、近代法国文学、英国传记文学、英国散文的风格、翻译理论与实践、语言学中的词义研究、同义词研究、词源学研究……

戴镏龄为广东英语专业培养了众多优秀的人才。当时华南师范大学、暨南大学、广州外语学校（即今广东外语外贸大学）等校的英语系，都聚集了从戴镏龄课堂中走出来的精英人才。

中山大学外国语学院原院长王宾如此说："是戴先生壮大了中山大学外国语学院。"在戴镏龄率中南五省外语人才入驻中山大学之前，广东的英语教育几乎为空白。

1981年11月，戴镏龄经国务院批准为英语语言文学专业首批博士生导师。戴镏龄从教近60年，开设了"英语诗歌""欧洲古典名著"等10多门课程，为国家培养了大批外语专门人才，80年代，他培养了我国第一位英语语言文学博士区鉷。戴镏龄即将退休时，自我评价为："回忆数十年来，衣食奔走，运动疲劳，谈不上做学问，但热心外语教育，始终如一。"

戴镏龄教导学生学习英语细心至极。曾有学生写信给戴镏龄请教英语学习的方法，他不仅回信对该生的英语文章作了详细分析，更指出其滥读语法书的错误，提出了较为合适的英语学习方法。信中写道："比如打仗，这些你曾读过的单词、片语和句子，对于你只是些凑起来的素无训练的乌合之众，当你挥动大笔驱使他们上阵，阵势还来不及摆成，就一定先四下溃逃，化成散兵游勇。"戴镏龄就是能用这些生动而别开生面的语言循循诱导学生。

《文学第一线》中有作者在20世纪90年代对戴镏龄的访谈。当谈到学问时，身为国内首批博士生导师之一的戴镏龄说，他现在带文艺理论博士生，从导师到学生都有一种"混"的感觉，十分痛心。做西方文论，没外文新书怎么可以？那样只能算养博士而不是带博士。没办法，戴镏龄只能厚起脸皮来，一封封信发出去向海外朋友要书。要书当然比要钱高雅，也算是民间治学渠道。说到一片好心肠捐资建大饭店或大设施并赫然用自己的大名为之命名者，戴镏龄不明白：他们为什么不捐些书呢？在书上盖上"××捐书"字样不也一样留名？让读者手捧芳名不是比仰视水泥筑成的名字更亲切？戴镏龄教书育人费尽心血，美名自然留存。

2004年11月9日上午10时，戴镏龄教授藏书捐赠仪式在中山大学图书馆一楼大厅举行。戴镏龄的家属将他收藏的2831册中文书籍和1812册英文书籍无偿捐献给中山大学。设在中山大学图书馆四楼的"戴镏龄教授纪念室"同时揭匾。在戴镏龄雕像的揭幕仪式上，徐开蜀女士及其亲属向学校捐赠了戴镏龄生前的稿费15万元，设立戴镏龄奖学金。

2013年，在戴镏龄诞辰百年之际，中山大学为这位《乌托邦》译者、广东外语教育体系开创人举行百年诞辰追思会。

| 人物 |
| 档案 |

戴镏龄（1913—1998），江苏省镇江人。中共党员。早年留学英国，获爱丁堡大学英国文学硕士学位。1939年回国，历任中山大学外语系教授兼外语系主任。译有英国托马斯·莫尔《乌托邦》、马娄《浮士德博士的悲剧》，与人合编大学教材《近代英美散文选》；撰有论文《论科学实验对近代英国散文风格形成的影响》等。曾任中国

英语教学研究会副会长,中国翻译工作者协会副会长,全国高校外国文学教学研究会顾问,广东比较文学研究会顾问,广东外国文学会会长、顾问,中国莎士比亚研究会、中国外国文学学会及中国美国文学研究会常务理事,《译林》杂志编委,国际笔会广东中心成员。

世界物理大师杨振宁的中大情缘

苏幼真

人物格言

有的人成就很大,有的人却一事无成,主要原因就在于他们是否善于根据科学的发展变化来选定新的研究方向。

——杨振宁

人物风采

在中山大学广州校区南校园的冼为坚堂内,竖立着杨振宁的铜像。这座铜像是由南京大学美术研究院院长吴为山雕塑及送赠的,铜像塑造出杨振宁在讲学时的神态(图1)。

冼为坚堂集中承载了世界物理大师杨振宁热情帮助中山大学,争取外界力量开展基础研究的诸多往事。

1973年7月28日下午4时,美籍中国物理学家杨振宁博士首次访问中山大学。校革委会主任李嘉人亲自主持和参加接待工作。参加接待的还有校革委会两位副主任和数学系、物理系的几位教授及教员。杨振宁参观了物理系图书资料室,金属物理的金相、X光及金属物理性能实验室,半导体物理专业的晶体管车间,无线电物理专业的微波波谱实验室,核物理专业的硫化镉半导体辐射剂量仪实验室,光学专业的红外光谱、激光电视、全息照相和激光教学实验室。晚上,李嘉人带领全体接待人员到广东迎宾馆回访了杨振宁,座谈两个

图1　杨振宁雕塑

半小时。当杨振宁了解到实验室的激光器是师生们自己动手做的时,表示赞赏,并说:"在美国,现在的年轻人都不动手做事情,都想买现成的。"杨振宁说,培养人才不是明年就成,要10年时间,应想到10年后的事情。

当教师问到实验物理学家需不需要学量子力学时,杨振宁说,真能想出主意的人,很多人是要学量子力学的,第二次世界大战后,很多实验和量子力学有关,不学量子力学则无法发展。

杨振宁说,中国那么大,工业发展需要大量搞技术应用的人才,现在大量培养这些人才是对的,但是,必须有一部分人懂量子力学,否则只能跟着做别人做过的东西,不可能超过别人。

当有人问到没有加速器等实验设备、基本粒子研究应如何办时,杨振宁说有三种方法:一是发展理论人才,这可以不花什么钱;二是不花太多钱的实验技术研究,如超导、磁铁等;三是像日本那样,利用外国设备条件合作开展工作。

当谈到中山大学想参加探测引力波时，杨振宁说，引力波的实验规模小，完全可以做这种实验，但工作不是一年能做成的，要三年才能出成果，这是一个重大的计划。

1983年是杨振宁支持中山大学基础研究的重要一年。这年他应聘为中山大学名誉教授，建议在香港成立中山大学高等学术研究中心基金会，并亲自担任董事会主席，筹集资金来帮助中山大学的基础理论研究工作，还多次到中山大学做学术报告和演讲。

1983年3月26日，在中山大学香港校友会宴会上，杨振宁做了题为"中山大学的重要性"的演讲。他说，他首次访问中山大学，缘于听说他在西南联大一年级时的微积分老师姜立夫先生正在中山大学工作，于是他特地前往，希望重晤姜立夫老师，结果如愿以偿。自此，他便和中山大学建立了关系。杨振宁又举出另一件事例说，那时候，他曾前往佛山的红棉纺织厂参观，发现纺织厂描画花样的生产方法并不先进，于是他分别去函红棉纺织厂和中山大学，建议他们利用光学和电子的方法去改进生产程序和提高质量。结果，中山大学的几位讲师去红棉纺织厂研究，最后解决了该问题。他说，这也可说是他对中山大学的一点贡献。"既然已经和中山大学有这么多的联系，通过我认识的朋友和中山大学的关系，我也可以说是中山大学的半个校友吧。今天有这么多的中山大学校友前来，我想也代表了大家对中山大学的关心，对广东省以及对整个中国的关心。我想，假如我下一次再来参加你们的聚会的时候，也许我可以名正言顺地说，我是一个正式的中山大学校友。"杨振宁认为："中山大学是中国华南地区的重要学府之一，位置邻近香港。中国现在对于知识分子可能在中国'四化'建设方面所产生的作用非常重视；中山大学因地理位置和邻近香港的关系，对于中国未来工、商和文化学术方面的发展，特别是华南地区的发展，将有决定性的影响。"

时任中山大学副校长、物理系教授李华钟说，杨振宁教授对中国

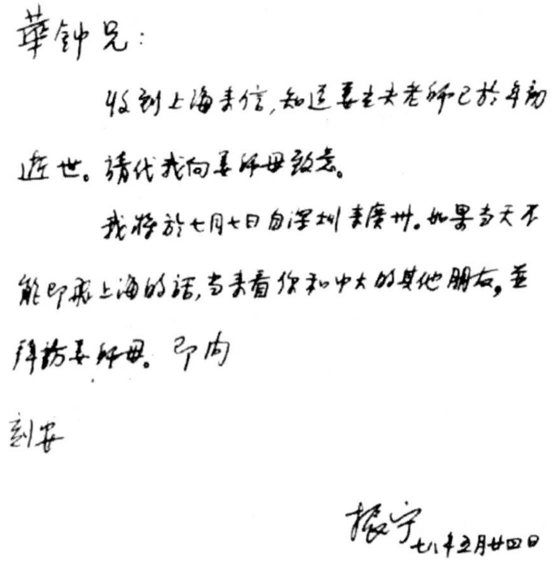

华钟兄：

收到上海来信，知道吴大猷老师已于年前近世。请代我向吴师母致意。

我将于七月七日自深圳来广州。如果当天不能即返上海的话，当来看你和中大的其他朋友，并拜访吴师母。即问

刘安

振宁 七八十二月廿四日

图 2　杨振宁写给李华钟的信

物理学发展作出了重要贡献。在 1973 年中国物理学界重新开始一些研究工作时，便及时地获得了由杨振宁提供的最新学术资料，使研究工作得以用较快的速度追上去（图 2）。

杨振宁说："1982 年改革开放初期，看到国内的经济情况很差，我就与另外两位物理学家在想，有什么方法帮助中国的学术取得发展。但如何帮助？成立基金会！成立之后，很多热心人士以及香港工商界的人士都通过捐赠为中国科学研究作出努力。

"其实当时我们提议在广东的深圳设立一个学术研究机构，后来商量后觉得深圳的学术传统恐怕不够深厚，不是最合适的地方，最后还是决定选址中山大学。这个提议很快就得到了广州、中山大学以及香港工商界领袖们的支持，特别是冼为坚先生，给予了很多经济上的支援。"

高等学术研究基金会（以下简称基金会）在教育经费并不充裕的年代，在香港以及海外募集基金，为中山大学开展中外合作交流雪中送炭。其中，中山大学著名教授、对庞加莱猜想有突出贡献的数学家朱熹平就曾经获得基金会从 1991 年至 1998 年连续 8 年的支持。

后来，李华钟认为，杨振宁对中山大学的一项重要的建树就是在香港成立了高等学术研究基金会，支持中山大学高等学术研究中

心(以下简称研究中心)开展一些基础学科学术研究。自1983年至2004年,投入资金已经达2000万港元,包括兴建4000平方米的研究中心;资助的学科有数学、理论物理、古文字学、考古学、民俗民族学等。这些原本是中山大学的基础学科,可是20世纪80年代学校科研经费非常缺乏,对这些基础性学术性研究投入很少或根本没有投入。这个基金会给予的资助,对这些学科无疑是雪中送炭。

大家不应该忘记20年前中国的经济情况、中山大学的经费状况,在某些错误导向下把没有"经济效益"的学术性研究排斥和抛弃了。假如没有基金会的支持,那么,有些学科早已经枯萎凋谢。杨振宁的高瞻远瞩,拯救了中山大学的某些学术研究。研究中心20年前在全国首先支持青年、中年第一线研究者,首先实行研究人员生活津贴。当年的青年学者现在已是学科的领军人物。基金会的学术评审首先实行完全独立、公平、公正、透明化,行政全不干预。在研究中心成立之时,杨振宁亲自为研究中心从运作原则到细节草拟意见,研究中心每5年出版一期画册特刊,记录历史事实,总结概括运作经验。

正如杨振宁评价的:"基金会虽然规模不大,但在特定的时代背景下,做了一些值得做而又成功的事,是成功的基金会的典范。"

1986年6月27日下午,在中山大学研究生院成立大会上,杨振宁发表了演讲《做学问,搞科研,"诀窍"何在》。他结合自己几十年学习和科研的实践,从当时科技发展的战略高度,以一位杰出科学家的真知灼见,对如何做学问、搞科研发表了极其精辟的见解。他说:搞科研,做学问,都要有一个良好的传统。现在,美国的大小科研机构星罗棋布,形成了一个互相竞争、互相推动的良好的科学研究传统。杨振宁说:"我看到许多年轻人在美国念大学的时候,学习成绩很好,但过一二十年后,他们的差别却很大。有的人成就很大,有的人却一事无成,主要原因就在于他们是否善于根据科学的发展变化来选定新的研究方向。在科学技术迅猛发展的今天,如果你老是

埋头做一件事，而不知道它已经过时，不善于改变研究方向，那成功的机会是很少的。"杨振宁希望研究生要了解各种新学科的信息，要认真选择好研究方向，如果这些方向极有发展前途，那就一定会取得成功。怎样才能掌握新的方向呢？杨振宁认为必须有正确的学习态度和方法。他说，中国的教育方法，从小学生到研究生，道路似乎越走越窄，学生习惯于念死书，脱离实际。他举例说：在他所任教的学校，每星期都聘请一些学者来校讲学。美国学生逢课必听，而中国学生听一两次就不去了。问他们原因，说是听不懂。其实，研究生一定要多到图书馆去翻资料，多听学术报告。初次看不懂、听不懂也不要紧，多看几次、多听几次，情况就会起变化。一个研究生不能只学一个专业的知识，必须扩大知识面，有独立思考能力和科学研究能力。杨振宁殷切希望中大学子借鉴中外科学家成功的学习方法和科研方法，这样，大批科学人才定会涌现。

中山大学为弘扬杨振宁的精神，于1990年1月11日在冼为坚堂举行杨振宁铜像揭幕典礼。

2003年，杨振宁回国定居。9月22日，他参加了庆祝香港中山大学高等学术研究基金会及中山大学高等学术研究中心成立二十周年的庆典，他坦言在广州过得很高兴。黄达人校长就治校大计向杨振宁讨教，他们之间进行了一番极有深意的对话，认为大学要有深厚的基础学科作根基。杨振宁称："在我心中，第一位的高校就是清华，那是我童年成长的地方。第二位就是中大。"

2015年4月1日，杨振宁放弃美国国籍成为中国公民，并于2017年由中国科学院外籍院士转为中国科学院数学物理学部院士。杨振宁1964年3月23日加入美国国籍，当时做这个决定时曾考虑了很久，是一个很痛苦的决定。他的父亲到临终时都没原谅他放弃了中国国籍。

人物档案

杨振宁，1922年生，祖籍安徽凤阳，物理学家，现任清华大学高等研究院教授。1942年毕业于西南联合大学物理学系。1944年西南联合大学（清华大学研究院物理研究所）研究生毕业。1945年赴美留学，在芝加哥大学深造，后获博士学位。1956年与李政道合作，提出"弱相互作用中宇称不守恒定律"，共同获1957年诺贝尔物理学奖（他们是最早获得诺贝尔奖的华人）。同时，他还在统计物理学、凝聚态物理学、量子场论、数学物理学等领域作出多项重大贡献。

鲁迅在中山大学践行读书与革命

孙正阳

> **人物格言**

中山大学的青年学生,应该以从读书得来的东西当武器,向他们进攻——这是中大青年的责任。我希望大家一同担负起这个责任来。

——鲁迅

> **人物风采**

在中山大学广州校区南校园中文堂的东南侧,静静立着一尊半身塑像,他眼神忧郁,神情肃穆,留一撇浓密的八字胡,着白色长衫(图1)。他就是曾任中山大学文学系主任兼教务主任的鲁迅先生。鲁迅1926年8月离开北京到厦门大学。不久,他感到厦门和仍受军阀统治的北京一样"不干净",是一个没有希望的地方,因此,欣然接受了中山大学的邀请。

1927年1月8日,鲁迅在厦门中山中学的讲演中说:"你们的学校,名叫中山中学,顾名思义,是为纪念孙中山。中山先生致力国民革命四十年,结果,创造了中华民国。但是现在军阀跋扈,民生凋敝,只有'民国'的名目,没有'民国'的实际。因此,中山先生遗嘱:'现在革命尚未成功。'大家纪念中山先生,在这学校读书,就要依照他所著的书的指引,为国民革命事业,继续奋斗。""刚才主席介绍,说我即将到广州中山大学去,这是真的。我到中山大学去,不止

图1 鲁迅雕塑

是为了教书,也是为了革命,为了要做'更有益于社会'的工作。希望你们毕业后要升学,能够在那边中山大学相见!"鲁迅先生的这次演讲鼓励以中山先生名字命名的学校的学子,要牢记中山先生遗嘱,为革命事业勤奋读书、继续奋斗;表明自己到广州的中山大学不止是为了教书,也是为了革命;勉励中山中学学子,毕业后报考广州的中山大学。

在鲁迅到广州之前,《广州民国日报》早在1926年11月15日即刊发消息:"著名文学家鲁迅,即周树人,久为国内青年所倾倒,现在厦门大学担任教席,中山大学委员会特电促其来粤,担任该校文科教授。闻鲁氏已应允就聘,不日来粤云。"《国立中山大学校报》1927年1月11日消息:"新文学家周树人先生,为文学界健将;前任北大文科教授,力倡新文化,学者翕然宗之,嗣后北大局面,日趋险恶,空气太坏,乃应厦门大学之聘,就该校文科教授,北大学生从之南行者,颇不乏人;此次政府革新,本校委员会就职之始,即锐意整顿,对于各科教授人才,复竭力罗致;以周君为近世巨子,特聘其来粤主教文科,函电敦促,至三四次,兹得周先生复函:允即南下,准年底可以到粤,北大及厦大等学生,拟随其转学本校者,为数亦近百人。"

1927年1月18日,鲁迅到达广州,就任中山大学文学系主任兼教务主任。消息传开后,来访者络绎不绝,他开始与各方面人物接触。毕磊以中山大学学生代表身份上门拜访,并将中共刊物《向导》《人民周刊》和共青团刊物《少年先锋》送给他,鲁迅热情地接待了进步学生。鲁迅拒绝了学校的欢迎会,却于1月25日下午在毕磊的陪同下,出席了中山大学学生会为他举行的欢迎会,受到热烈的欢迎。

1月25日,在中山大学学生会欢迎会上的讲演中,鲁迅说道:"我要做教员,我便不能创作;我要创作便不能做教员。编讲义的工作是用理性的,而创作需要感情。如今天编讲义用理性,明天来创作用感情,后天又来编讲义又变为用理性,大后天又来创作,又来用感情,这样放了理性来讲感情,或放了感情,便来讲理性,一高一低,是很使人不舒服的。""最希望的是,中山大学从今年起,要有好的文艺运动出现,这个对于中国,对于广东,对于一切青年的思想都有影响的。诸位青年创造力的发现,这对于我是觉得很有意义的。""诸位现在都不过二十岁左右,从今天起便努力继续地做,若到六十岁,有了四十年这么长久的时候,一定有一个有价值的结果的,若希望二年后便有成绩,这是很难的,结果必然会失望,但我们在短期内,虽没有好成绩,我们不要失望,我们只管做下去,我在广东一天,我有力可以帮忙诸位来研究与创作。"

鲁迅在广州度过了农历新年,领略了南国风光,观赏了除夕花市。对国民党达官贵人的宴请请帖,鲁迅一律写下"概不赴宴"并退回;对报上借他来穗为题发表的各种文章,一概保持沉默;别有用心的记者邀他对广州的缺点加以"激烈的攻击",也不予理会。鲁迅将全部精力贯注到准备开课的教学事务上,表示要对中山大学"尽一点力",把"中大的文科办得像样"。出试题、编工作时间表、发通知书……他事必躬亲,忙个不停。

3月1日,国立中山大学举行首次开学典礼。鲁迅在开学典礼上谆谆教导中大学生:"中山先生一生致力革命、宣传、运动,失败了又起来,失败了又起来,这就是他的讲义。他用这样的讲义教给学生,后来大家发表的成绩,即是现在的中华民国。中山先生给后人的遗嘱上说,'革命尚未成功,同志还须努力。'这中山大学就是'努力'的一部分。为要贯彻他的精神,在大学里,就得如那标语所说,'读书不忘革命,革命不忘读书',因为大学是叫青年来读书的。"他勉励大家:"青年应该放责任在自己身上,向前走,把革命的伟力扩大!"号召"中山大学的青年学生,应该以从读书得来的东西当武器",向"一切旧制度,宗法社会的旧习惯,封建社会的旧思想"猛烈开火!

鲁迅先生在国立中山大学期间,除了教学行政管理工作外,还担任几门课的教学工作,所开课程如下:

文史课选修科目:文艺论,3小时,选修学生204人。

文学系中国文学组必修科目:文艺论,3小时,学生204人;中国文学史上古至隋,3小时,学生50人;中国小说史,3小时,学生79人。

文学系中国文学组必修科目:中国字体变迁史(暂缓开),3小时。

英国文学组必修科目:文艺论,3小时。

为避免过度的纷扰,3月29日,鲁迅搬出大钟楼,迁居到东堤白云路白云楼26号2楼。

忙碌的授课,繁杂的行政,鲁迅忍不住向朋友写信"诉苦":"我这一个多月,竟如活在旋涡中,忙乱不堪……""不但睡觉,连吃饭的工夫也没有了。"

在中山大学教学的日子里,鲁迅处处以"学生至上"的理念对待

莘莘学子。

鲁迅主持召开的教务会议，从2月10日到4月15日，共12次，这些会议和学生密切相关。鲁迅对学生既尊重、提携与爱护，又从严要求。在补考复试和编级试验上，鲁迅召开教务会议研究，坚持高要求，择优录取。据校友林楚君回忆："当时各地受迫害的青年学生云集广州，纷纷要求转学中大，他们没有任何证明，程度不一，但都自报原来是三四年级学生。鲁迅先生主张对他们进行一次测验，按考核成绩分班。有些学生因成绩不好大有意见，甚至把贴出来的榜都撕毁了，还埋怨鲁迅先生说：'我们因为革命才受到反动派迫害的，成绩不好也应该原谅。'鲁迅先生针对这种情况说：'革命本来不要求人原谅，既要革命，又要人原谅，那么革命就大可不必了。'先生深为不满那些空谈革命又不肯花气力还想从中得到个人好处的人。"

鲁迅注重捍卫教学、专业与课堂的尊严。教务会议上诸多操作和议决都体现了鲁迅做事和为人的风格：严谨认真，一丝不苟，又渗透着浓浓的责任感和爱意。当时，成都华西大学、厦门大学的学生都因反抗专制压迫而被逼离校，也有一些学生作为鲁迅先生的粉丝不断追随他迁徙来到中山大学，鲁迅对这些学生报以充分的同情、支持与呵护。他不仅同意他们经过编级试验后入读中山大学，继续学业；甚至对那些落榜生也进行了后续处理，或者设立补习班，或者送他们到相应级别的学校就读。

对于当时备受压迫的朝鲜和中国台湾地区的学子，考虑到他们的家乡处于侵略者的铁蹄之下，鲁迅对他们给予优待：一是免除学费，二是在进行编级复试时从宽处理，"倘因此而程度不能与本校学生一致，则设法助之补习"（《本校第四次教务会议纪事录》）。

鲁迅在广州期间，足迹最为密集的是文明路中山大学主建筑——大钟楼，1927年1月18日入住此处，3月29日迁往白云路；1927年1月26日，应邀出席中山大学医科（即中山二路中山大学广州校区北校园）的欢迎会，讲演半小时；3月29日，应邀到岭南大学（即今中山大学广州校区南校园）参加黄花节纪念会并作讲演，继续强调革命尚未成功，必须继承先烈遗志，努力奋斗。

　　1927年4月15日下午，鲁迅冒雨从白云楼赶赴中山大学，主持主任紧急会议，商量营救被捕学生，未果。21日，向中山大学正式提出辞职，许寿裳、许广平亦同时辞职。学校再三挽留，鉴于鲁迅去意已决，6月6日，中山大学委员会致函鲁迅，同意其辞职。

　　鲁迅担任中山大学教务主任70天，既有实质的工作业绩，又有精神思想层面的文化遗产，这些已经融入中大精神之中，潜移默化为中大人诸多特质之一。

人物档案

　　鲁迅（1881—1936），浙江绍兴人，原名周树人，字豫才，文学家、思想家、革命家和教育家。1918年5月，首次用"鲁迅"的笔名，发表中国现代文学史上第一篇白话文小说《狂人日记》。1927年，受聘于中山大学。著有《呐喊》《彷徨》《坟》《阿Q正传》《故事新编》等。

国际著名的寄生虫学家陈心陶

李嘉丽

人物格言

只有把教学、动物解剖、找寄生虫、病人的检测和科学研究密切结合起来，中国的人体寄生虫学才能更好地发展；只有从积累本国人的资料入手，才能了解和阐明在我国具体条件下，寄生虫病的发生和发展规律。

——陈心陶

人物风采

在中山大学广州校区南校园东南区241号陈心陶故居及北校园寄生虫学研究所门前，矗立着陈心陶教授的半身铜像，铜像面容坚毅，目光凛凛，微微仰视着前方（图1）。寄生虫学研究所一楼大厅悬挂着毛泽东主席宴请陈教授时的大幅照片，极其醒目。

陈心陶出生在福建古田一个邮电职员家庭。家境清贫的他勤奋好学，靠勤工俭学维持学业。1925年，他大学毕业；次年，受聘到岭南大学任教。1928年获得奖学金赴美留学，先后取得明尼苏达大学硕士学位和哈佛大学医学院比较病理学博士学位。

回国后，陈心陶担任岭南大学医学院寄生虫学、细菌学教授，生物系主任和理科研究所所长。1940年，陈心陶发表我国最早的有关并殖吸虫的权威著作《怡乐村并殖吸虫》，突破了当时国际上认为肺

图1 陈心陶雕塑

吸虫仅有威氏并殖吸虫一种的结论,引起国际寄生虫学界的重视,促使后来陆续发现许多新种。陈心陶在该书中提出的形态学和实验生态学的特征,至今仍是公认的重要分类依据。

日寇侵华时疯狂掠夺科技资源。曾有日本人到岭南大学,问:"陈心陶的实验室在哪里?"并把陈心陶的东西抄得七零八落,掠走了很多卡片和科研原始资料。陈心陶曾痛惜地回忆道:"在抗日战争之前,我曾打算编一本《英汉医学字典》,辛辛苦苦收集了许多资料,还写成卡片,以备整理出版。但日军侵华,大部分给日本仔弄丢了。以后,就再也没有时间弄它了。真可惜呀!"

新中国成立后,陈心陶把一个仅有三个老师、两个技术人员和一个库房工友的寄生虫教研室,打造成一个拥有数十人的寄生虫学科的大殿堂,变成学科里蜚声中外的科研、教学机构。陈心陶指导过研究生、进修生、高校骨干师资、全国寄生虫学高级师资班学员近人，为国家培养出一批造诣深、有贡献的寄生虫学家和教学骨干。

1951年，岭南大学招工读学生，13岁的李道宁来到陈心陶门下。这个只有小学文化的瘦小少年，被陈心陶培养成为主任技师，写出了《罕见人体寄生虫概况》及其续编。

陈心陶把外语作为观察外部世界的窗口，了解国外先进科技和科研动向的望远镜。教学和科学研究均需要外语，他让大家轮流参加外语班的学习，提高外语水平。有些人反映英语不好学，陈心陶就建议他们从看英语小说学起，说这会增加兴趣，容易入门，达到最终掌握英语的目的。

陈心陶这样指导进修生撰写论文：一是写文章切莫急于求成；二是文章应当扼要精炼，字数不宜超过3000字。"你先把文章放在抽屉里，到差不多快忘记了，再拿出来重读、修改。这样做，你会有新的感受，并且容易客观地发现文章中存在的问题。而压缩字数，也是为了精益求精，精雕细刻。"

陈心陶把美国式教育理念与教学方式，运用到他的教学实践上来，开课时只发一份学习计划表，上面详细列出学习进度、大批的中外文学习资料，还有每个阶段的学习讨论和问题解答。学习讨论和问题解答是更为高级的学习方式。经过自己的思考提出问题来，经大家讨论，再听取导师的解答，不但形式更为生动，更能引起学习兴趣，而且令学生们对知识的理解和掌握更加深刻。

陈心陶教导弟子："研究生要放眼未来，国家要求你们明天能独立地解决科学问题。在现阶段，你们要充分掌握科学研究的方法和获取深厚的科研基础知识。这种方法和知识，不只是适用于一种寄生虫，而是能用于其他科研项目。老鼠的这种线虫生活周期短，取材容易，很适合你初期锻炼科研本领。"

陈心陶培养研究生遵循这样的流程：实验就是"失败—成功—再失败—再成功"的过程；让学生在无数次的"实践—点化—再实践—

再点化"的过程中,一点一滴地把科学知识和实验方法学到手;从不同角度启发引导,让学生经历"问题—结果—新问题—新结果"的多次反复。学生的自主创新能力就是这样逐步养成的。

"提高教学质量的关键是提高自己的知识水平。只要自己好好学习,有牢固的和广泛的知识,就能带好辅导课,就能搞好将来的教学工作。"陈心陶认为,传统的形态分类学很重要,是入门必备,也是深入做高、精、尖研究的起点。他要求科室人人必须掌握这门"基本功",不论研究生、教师还是技术员。陈心陶对大家的训练非常严格,一切都必须自己从头做起,失败了,得自己找原因,并重新来过,直到成功。

每当有年轻教师分配到科室,陈心陶总是把他们首先安排到寄生虫学教材准备技术组,学习一年的寄生虫学的技术,同时带领学生教学实习,从原虫、吸虫、线虫、绦虫到昆虫,掌握最基本的教学知识和科研技术。待他们夯实了基础,再分配到各研究组参加各项科研工作。

陈心陶十分重视提高教研室人员的专业水平,他规定,每个教师要轮流脱产1—2年,专门研究一个题目。所有人除了参加科室里的共同研究课题之外,每个人再加一项自己感兴趣的寄生虫分类工作项目,原虫、吸虫、线虫、绦虫和昆虫,随便选。所有医学寄生虫的分类工作都有人做,保证了罕见人体寄生虫的鉴定顺利进行,确保完满答复来自全国各地提出的寄生虫病难题。

整个科室人人有方向,个个出成果。人人必须按时完成任务,个个要工作负责到底。有时,为了观察一个小昆虫的活动规律,科室职员24小时坐在实验桌旁,用双目镜观察它们。疲倦了,就伏在办公桌上休息;两人轮流值班,直至第二天换班的人来到,才回宿舍休息。为了科研,科室职员在休息日也照常工作。

陈心陶有较高的国际声望。1955年秋末冬初,苏联医学代表团

来华访问期间,蠕虫学家彼得烈谢娃前往广州与陈心陶作学术交流。会上,彼得列谢娃请陈心陶报告广东的血吸虫病防治情况与研究情况。当陈心陶说到用抗原免疫原理检查血吸虫病病人时,彼得烈谢娃问:"做得如何?"陈心陶答:"试验结果有了。"彼得烈谢娃说:"应用这种方法检查血吸虫病,您是世界上第一人。我回北京要报告给毛主席。"彼得烈谢娃问陈心陶:"你们所有多少人?"陈心陶回答:"研究人员12个。"彼得烈谢娃说:"我那里30人做的事,都没有你们做得多。"

1956年1月,陈心陶参加最高国务会议和全国政协会议,提出结合发展农业生产,采取综合措施消灭钉螺,进而消灭血吸虫病。这一方针被中央采纳。29日,毛主席在怀仁堂第三次接见陈心陶,他紧邻毛主席左手边,与毛主席共进晚宴的照片就是新华社在这天拍摄的。

1960年,陈心陶出版《医学寄生虫学》,1965年增补、修订,是我国寄生虫学的经典著作,学界评价很高,曾获得全国科学著作一等奖,至今仍是高层次专业人员的参考书和工具书。1965年再版时,陈心陶把相当于自己1年工资的全部稿酬4000元交纳了当月党费。

1987年,陈心陶的家属将他珍藏的大量国内外的寄生虫学书籍、文献、科研专辑及单行本等,捐赠给中山大学医学院寄生虫教研室。

1990年12月,陈心陶教授纪念碑在三水六和镇九龙岗建成,陈心陶的骨灰安放于九龙岗上的书型纪念碑下,让人永远铭记陈心陶在三水消灭了流行130多年的血吸虫病的伟绩。

2003年11月19日下午,中山大学为陈心陶隆重举行百年华诞纪念活动暨陈心陶教授铜像揭幕仪式。

2014年是中山大学90周年校庆,也是陈心陶诞辰110周年。10月16日上午10时,中山大学广州校区南校园东南区241号陈心陶故居举行开放仪式,以纪念他的教学、科研,以及为消灭广东"大肚子病"(血吸虫病)立下的大功。

人物档案

陈心陶（1904—1977），福建古田人，留美博士，中共党员。国际著名的寄生虫学家，中国寄生虫学奠基人之一，卓越的血吸虫病防治专家，一级教授。历任岭南大学生物系主任、理科研究所所长、中山医学院教授，兼任广东省血吸虫病防治研究所所长、广东热带病研究所所长等职，是广东省动物学会和寄生虫学会理事长，第三、四届全国人大代表。陈心陶对并殖吸虫、异形吸虫的研究，填补了我国寄生虫学研究上的空白。他终生致力于寄生虫学研究，发现了许多寄生虫新种。写有论文150多篇，其中在国内外发表130多篇。著有《医学寄生虫学》等。

霍庆棠与马应彪夫人护养院

李嘉丽

> **人物格言**

爱是恒久忍耐、又有恩慈,爱是不嫉妒,爱是不自夸、不张狂。不作害羞的事,不求自己的益处,不轻易发怒,不计算人的恶,不喜欢不义。只喜欢真理,凡事包容,凡事相信,凡事盼望,凡事忍耐,爱是永不止息。

——霍庆棠

> **人物风采**

中山大学广州校区南校园279号A栋马应彪夫人护养院,是南校园门诊部的一部分。进入护养院大门,就可以看到右手边的马应彪夫人霍庆棠女士的半身雕塑(图1)。雕像上的霍庆棠着唐装,头发紧束脑后,脸庞圆润,双耳佩珠,项链环绕衣领,微垂领口,透露出时尚、干练、亲和的气质。

马应彪夫人护养院由岭南大学华人董事马应彪先生捐建,1919年落成。当时,院内设诊症、割症、看护、药剂、特别养病、普通养病等室,有两名美国医生坐诊。

捐建马应彪夫人护养院缘起于马应彪夫人霍庆棠女士。要说清楚捐建故事,则需从马应彪与夫人霍庆棠相识、一起缔造香港商业传奇讲起。

图 1 霍庆棠雕塑

马应彪出身广东香山(中山)农村,14 岁前往悉尼淘金。马应彪几乎什么工作都做过,但经常所得甚微,有时难以糊口。失意的马应彪发现,"不懂语言,无法与人沟通,有机会也抓不住,这样下去怎能实现淘金的梦想呢?无论吃多少苦,也要先过语言关。"他在女老板、爱尔兰人温文的菜场当伙计,温文会讲广东话。她答应马应彪的条件:不取分文,每天管三餐饭,教一小时英语。半年满师,马应彪会用英文标注菜名、价格,用英语交流,便自己创业。

经过 10 多年的打拼,虽未大富,但也功成名就。1890 年夏天,离家 16 年的马应彪回国探亲。与马应彪同行的,是一位澳大利亚华人牧师周容成。马应彪初到悉尼,在金矿淘金(当地最底层工作)数月,前途无望、心情沮丧之时,遇到在附近传教的周容成,以上帝的名义给了他很多安慰与帮助。

周容成此番到香港,要拜访香港圣公会神学院教授、自己的道友兼朋友霍静山牧师。而马应彪则有心考察香港市场。船到香港，两人同时上岸。

因为不认识霍静山，下船后马应彪即与周容成告别，但热心的周容成则邀马应彪一起去霍家。周容成说："静山为人非常好，你们又是大老乡（霍的祖籍是顺德），相识以后对你在香港的发展肯定有帮助。"周容成言辞恳切，马应彪便一起前往霍家。也就在这里，马应彪遇到了自己的人生伴侣霍庆棠。

当时，霍静山刚巧不在家，招待他们的是霍家二小姐霍庆棠。虽然来人生疏，但霍庆棠落落大方地一面招呼客人们喝茶，一面派人去请父亲回来。她主动与客人们攀谈，询问澳大利亚的情形，举止得体，谈吐优雅。

19岁的霍庆棠从小就聪明好学，后来随父筹设教堂、传经布道，往来于珠江三角洲各地。这些历练让她不像一般中国姑娘那样对外界封闭无知、见人脸红。正值花样年华的她，浑身充满活力，脸庞圆润姣好，眼睛水灵明亮，黑油油的大辫子贴颈而垂，更增添一份少女的娴雅。

霍庆棠是马应彪重回故土后认识的第一个女孩子。她聪明、大方、优雅、干练，让马应彪怦然心动。他这次回来，其实也有相亲的意思。

马应彪的择偶标准说高不高，说低也不低，那就是希望能志同道合、患难与共，他认为"做买卖不着，只一时；讨老婆不着，是一世"。霍庆棠的出现让他眼前一亮：这样的女子，才是真正的良配！

幸运的是，霍庆棠也在观察马应彪。按当时的习俗，19岁的她已算是大姑娘了。马应彪事业有成，见识不凡，潇洒稳重，沉稳而不呆板，机敏却不油滑。他经历坎坷，内敛含蓄；他久经江湖，谦和待人，不做作。霍庆棠是见过世面的人，这样优秀的男子还真是不多见。这个漂洋过海的男子，难道真的是上帝特地送上门来的吗？

宾主双方交谈甚欢,霍静山回来了,周容成向老友介绍马应彪。对于这位儒雅的商界新贵,霍静山的第一印象很好。一番交谈后,得知马应彪曲折的创业经历,了解到他的感恩仗义,霍静山更是看重。知恩图报、带领乡亲共同致富,这正是符合基督博爱思想的大善之举呀!

"这小伙子为人忠厚,英语流利,堪称中西合璧。如果不是年纪稍大,还真是一个现成的佳婿。"霍静山心中暗想。

饭后,约好下次再见的时间后,马应彪告辞。霍静山特地让霍庆棠去送,路程虽短,两个年轻人心中却相互增添了不少印象分。送人回来,霍静山试探地询问女儿对马应彪的看法,"小马哥是个好人!"听到女儿含蓄地表达了自己的好感,霍静山的心中有了底儿。第二天,霍静山即邀老友周容成做媒。周容成也看出了马应彪的心思,一段美好姻缘就此结成。

每一个成功男人的背后,都有一位伟大的女性。在马应彪开办先施百货的过程中,夫妻二人共同改写了中国的商业史。先施取"施比受更为有益","先施"二字,英文用SINCERE,也有诚实的意思,且发音相同。马应彪采取外国人营商之法,推行"不二价",商品分门别类陈列,明码实价,便于顾客购买。

然而,先施开张,最引起轰动的是马应彪夫人霍庆棠亲自站柜台销售。

先施开办的1900年,中国封建意识浓厚,"男治外,女主内",女子不抛头露面。先施公司贴出招聘女售货员的启事,月余都无人报名应聘。霍庆棠挺身而出,在公司二楼化妆品部当上女售货员,还带动两位小姑做售货工作。她们三人打破封建陈规陋习,挺直腰杆站在柜台售货。当时有报道记载:"霍庆棠仪态端庄,善于辞令,熟悉货品性能,周旋于顾客之间,深受男女顾客的欢迎。她在先施公司出任售货员期间,绝不以经理夫人的身份凌驾于管理人员之上。"当时,

大家想亲眼看看女售货员的真面目，纷纷到先施公司来，使先施生意倍增。在霍庆棠的影响之下，前来应征的女性越来越多，女售货员慢慢变成一种职业，并被社会接受。

马应彪经商的同时，也追随孙中山奔走革命，又捐巨款资助岭南大学，成为该校第一位华人校董。

当时的广州，是南方革命重镇，岭南大学是培育人才的最高学府，校长钟荣光是革命党的中坚分子，与马应彪早有交往。马应彪对岭南大学很支持。岭南大学附设有中学和小学，全是寄宿学校。学校获得香港和海外不少华人华侨的青睐，他们将自己的子女送入岭南大学入读。马应彪的子女也多送入岭南大学就读，霍庆棠负责送子女入学，每逢长假又到广州带子女返港。这期间，霍庆棠见华侨子弟就读岭南大学时就医不便，于是和丈夫商量，捐建岭南大学护养院，方便岭南大学学生的医疗保健。她的想法得到马应彪的赞同，一座有诊室、养病室等配置的马应彪夫人护养院就此诞生。

人物档案

霍庆棠（1872—1957），广东顺德人，中山华侨巨商马应彪先生的夫人，在相夫教子之余，还热心赞助社会教育和慈善事业。霍庆棠是香港妇女运动的先驱，1920—1923年担任香港基督教女青年会首届会长。同时还担任"反对蓄婢会"的董事，从事解放妇女工作。

"摇篮"铜像

李庆双

在您爱的怀抱和知识的摇篮里,
我获得重生,
爱,让我们永世相逢。

在康乐园东湖畔,坐落着一尊名为"摇篮"的母子相拥的铜像(图1)。它是中山大学海内外17个校友会在母校七十七华诞时为母校共同捐献的,以此来表达校友对母校的眷恋之心,也形象地表达了中山大学是培养人才的摇篮。该铜像分为两部分,底座是棕红色的圆柱形,显得厚重和庄严,棕红色与学校红墙绿瓦的风格相衬,圆柱前后的四方形黄色铜牌上写着碑文。底座的上部是黄色的母子造型铜像,母子的面目和肢体没有着意刻画,而是以弧形的线条描绘出母子相拥相亲的形象,使整个造型显得简洁、和谐与流畅。

这尊名为"摇篮"的雕塑是中山大学各校园中唯一以母子形象来讴歌母校的。在所有人类情感中,母爱最为人所称道,人们通常把祖国比喻为"母亲",也把学校比喻成"母校",可见学校在学子心中的崇高地位。以自然和血缘而论,母亲给了孩子生命和生活的养育,以社会和地缘而论,学校给了学生知识和精神的哺育,所以,校友把培养自己的学校称为"母校",也是顺理成章的事了。对校友而言,离得越久,离得越远,对母校的思念之情越深。

2014年是中山大学建校90周年,学校举行了"我在中大遇见你——庆祝创办中山大学90周年庆典活动"。学校在全球的160多

图1 "摇篮"雕塑

个校友分会中,有116个校友分会派代表返回母校参加庆典活动,来自海内外的3000余名校友齐聚广州校区南校园中区草坪,共贺母校九十华诞。

记者笔下,见证了这样的时刻:"伴随着音乐奏起,身着礼服的120对校友伉俪从怀士堂缓缓走上舞台,在母校九十华诞之际的'校友日'感受神圣和美好,在母校的见证下重温幸福时刻。

"在这些校友代表中,有年过八旬的老校友,有参加过'五三一'运动的革命前辈,有国立中山大学农学院的老学长……他们中不少不远万里、漂洋过海特意回到母校,重新踏上这片熟悉的土地,看着这里的一草一木、一亭一楼,激动不已,红了眼眶。故土难离,赤子情深,天南海北的'中大人'重聚康园,共祝母校明天会更好。

"春华秋实,岁月如歌,弹指一挥间,母校90年光阴荏苒。在海内外广大校友的倾情支持和全校师生的努力拼搏下,今日的中山大学已是根深叶茂、桃李芬芳。'我在中大遇见你',点燃的是爱的种子,也从此开启了我们与中山大学密不可分的缘分,无论何时何地,中山大学是我们永远的家园。"

为了诗意地表达师生和校友对母校华诞的庆贺之情,中山大学传播与设计学院团委还承办了由学校党委宣传部、学生处、校团委、校工会、校友会共同发起的"情传中国梦 诗传中大情"三行情书活动。一首首温柔的三行情书,是中大学子和校友对母校的一声声动人告白:

当我提笔欲勾勒你九十载风雨沧桑,
却蓦然发现,
你年轻的模样透出的满是未来的希望。

我想把青春的唱针搭在你的年轮上,
细细聆听,
那九十年的时光。

我的青春,
在您似水的光阴里,
斑驳了红墙绿瓦的记忆。

荏苒岁月九十芳华,
你的风韵,
是清晨中永远盛放的花。

雕塑档案

中山大学千禧年校庆纪念铜像碑记

　　诗云。父兮生我。母兮鞠我。父母之恩。诚大矣。维我校自创建以来。乐育菁莪。陶钧硕士。为时养器。几万千数。谓恩同父母。毋过也。岁值千禧。欣逢母校华诞柒拾柒度之庆。我海内外校友。倡议酿资铸摇篮铜像为寿。并示弗谖。其得一呼而百应者。足见我中大精神凝聚之深。感召之广也。像今立于康乐园。重系之以铭曰。

　　云山挺秀。珠水长流。我校之建。陶甄是谋。达材成德。宏扬正猷。群俊缉熙。遍五大洲。柒拾柒载。已足千秋。

中山大学海内外壹拾柒校友会　谨识
香港雕塑家　朱达诚　造像
中文系陆壹届校友黄端裔　恭撰
公元贰零零壹年拾壹月拾壹日立

倡议铸像团体
中山大学多伦多校友会
中山大学芝加哥校友会(筹备)
中山大学美东校友会
中山大学伦敦校友会(筹备)
中山大学温哥华校友会
国立中山大学加东校友会
国立中山大学美西校友会
国立中山大学美国南加州校友会

国立中山大学澳洲校友会
澳洲墨尔本中山大学校友会
中山大学中山市校友联谊会
中山大学北京友会
中山大学汕头校友会
中山大学武汉校友会
中山大学南宁校友会
中山大学郑州校友会
中山大学海外校校友联谊会

赞助港币伍仟圆以上者芳名
中山大学海外校友联谊会
澳洲墨尔本中山大学校友会
中山大学多伦多校友会
中山大学南宁校友会
中山大学美东校友会

郑金祥　周宗哲　冯瑞兰　刘修婉　伍宏育
伍爱洁　黄学义　石济民　胡惠爽　陈战生
陶祚海　角　友　林君弥　容启昌　袁雄民

"呵护 翱翔"组合雕塑

李庆双

我用知识给你滋养，
我用精神呵护你成长，
我用爱的目光托起你翱翔的翅膀！

康乐园里，秀丽的东湖畔，矗立着一组名为"呵护 翱翔"的雕像（图1）。一位身着白衣长裙的女教师笔直地站立着，双手拿着教案垂放于身前，深情地凝视着前方飞翔的大鹏。大鹏雕塑由三根插在地上的不锈钢柱组成，不锈钢柱的中下部有一块四方形白色的碑石，其中一面写着"母校敬礼 1984"字样。不锈钢柱的上端镶嵌着五只飞翔的大鹏。不言而喻，"呵护 翱翔"组合雕塑是指母校的培养让学生如大鹏般插上了自由的翅膀，飞翔到广阔的天空。这组雕塑是由中山大学1984级校友共同出资捐献的，以此表达对母校的感激和思念之情。

最初来到东湖畔看这组"呵护 翱翔"雕塑时，还不甚明了，以为穿白衣的女子是位在校读书的女学生，还在想像着背后动人的故事，也未知晓这一雕像和前面大鹏雕塑之间的关系。及至写这篇文章时，才恍然大悟，为自己的孤陋寡闻和多情汗颜，也觉得有必要写出来，让更多的人了解。

一般人可能不会去深究为何以女教师的形象来代表学校。说来也好理解，因为女性秀外慧中，给人以美好和温暖的感觉。记得在中山大学读研时，男生常以能去女生住的"广寒宫"为美事和乐事，去

图1 "呵护 翱翔"雕塑

那里，不会感到"广寒"，而是感觉温暖如春，既有女生提供的美食打牙祭，又有秀色可餐。以女教师的形象来代表学校，也有深意。女教师不但教给学生知识，还是美和爱的化身，让学生感受到母性的爱和温暖，学生之所以把学校比喻成"母校"，也是此理。男性多理性，有爱也是深藏于心的，很少表露出来。我读研时的硕导吴机鹏老师，因是男性，也许是性格所致，平时寡言少语，和他对座时，谈的多是学问，很少谈及生活和情感问题。但我知道他是位好老师，内心是有爱的，只是不善于表达罢了。最让我感怀的是，有一次我生病了，他和师母不顾路遥和高龄，一起来家中看望我。与此相反的是，我的博导李萍老师则充满了激情和活力，洋溢着女性的温馨和母爱的温暖。

我难以忘怀李老师带病给我指导博士学位论文的感人情形,也深切记得她写给我们博士生的那首诗《谢谢你们的爱》。

> 在生命的旅程中,
> 因为一次选择,
> 我们有了特殊的缘分,
> 特殊的关系。
> 在老师的生命中,
> 你们是春风,
> 用青春和理想抚育着老师;
> 你们是夏雨,
> 用清纯和智慧滋润着老师;
> 你们是秋实,
> 用奋斗和力量鼓舞着老师;
> 你们是冬阳,
> 用炙热和光芒照耀着老师。
> 谢谢你们的爱,
> 是你们成就了老师,
> 老师永远爱你们,
> 祝福你们!

鲁迅曾言:"教育根植于爱。"李萍老师给我最好的教育是"爱的教育",让我懂得大学不光传递给学生知识,还要传播给学生爱的情感。知识有时会被忘却,但爱的情感会存续于心。雕像取名为"呵护",也意在传递老师对学生的悉心关爱。

虽然我不是女性,缺乏女教师的细腻和温情,但我以自己特有的方式表达对学生的关爱之情。在我的指导和推动下,传播与设计学院发起的"三行情书"活动,已成为学校闪光的名片,营造出浓浓的爱的氛围和诗意的校园环境。每年迎新和毕业之季,我都会为学生题写和朗诵一首诗,送上我的祝福和希望。其中一首诗《让我们一起唱歌》恰好契合了"呵护 翱翔"雕塑主题,谨录如下:

让我们一起歌唱,
忘记过去的郁闷和忧伤。
青春的旅程,
总要经历雨雪和风霜,
成长的天空,
永远渴望明媚的阳光。

让我们一起歌唱,
共度大学的美好时光。
郁郁桃李,
总要绽放自然的芬芳,
莘莘学子,
将会长成社会的栋梁。

让我们一起歌唱,
共同寻找未来的方向。
当激情点燃生命,
当追求充满热望,
我们将乘着歌声的翅膀,
在理想的星空中自由翱翔。

音乐人生家国情

崔秦睿

人物格言

每个人在他生活中都经历过不幸和痛苦。有些人在苦难中只想到自己，他就悲观、消极，发出绝望的哀号；有些人在苦难中还想到别人，想到集体，想到祖先和子孙，想到祖国和全人类，他就得到乐观和自信。

——冼星海

人物风采

在中山大学广州校区南校园东湖北岸矗立着一尊汉白玉雕像，右手握着小提琴，双眼炯炯有神。他就是中大校友——曾经就读岭南大学义学、附中、预科的冼星海（图1）。他用自己一生短短40年时间，写下了坚强奋斗的篇章，留下了中华民族的音乐史诗《黄河大合唱》。

冼星海在延安的一年半时间，是其一生创作的巅峰时期。在这里，他创作出了包括《黄河大合唱》《生产大合唱》《九一八大合唱》等大型声乐套曲在内的百余首作品。《黄河大合唱》则是其扛鼎之作。

《黄河大合唱》从延安诞生，唱遍神州大地，在抗日战争的艰难岁月，鼓舞全体中国人的士气，凝聚一切抗日力量，成为中国人民抗击日本侵略的有力武器。

图1 冼星海雕塑

　　1940年,音乐家刘良模把《黄河大合唱》乐谱带到美国。1941年,美国普林斯顿音乐学院在纽约用英文演出《黄河大合唱》。1942年2月,由光未然担任总领队的缅甸华侨青年战工队,在缅甸演出《黄河大合唱》。值得一提的是,1945年10月24日,在联合国成立的庆祝大会上,美国黑人歌王保罗·罗伯逊用英语演唱了宋庆龄提供的英译本《黄河大合唱》中的《黄河颂》,使《黄河大合唱》走上了世界大舞台。莫斯科、纽约、旧金山、柏林,以及澳大利亚、菲律宾、新加坡的华人和反法西斯的外国朋友都在演唱《黄河大合唱》。

　　冼星海一生的音乐成就,饱含着深深的家国情怀。

　　冼星海祖籍广州番禺,出身穷苦渔家。他的母亲黄苏英出生于澳门的一个渔民家庭,为人积极乐观,每日唱着渔歌,与海风海浪顽强拼搏。冼星海是遗腹子,他出生前几个月,父亲冼喜泰被大海吞噬,母亲带着他投奔同是渔民的外公黄锦村。冼星海就是在母亲和外公的疼爱下，开始了自己的音乐人生。黄苏英注意从小培养儿子坚强的性格，经常给儿子哼唱广东地方小曲《顶硬上》："顶硬上，鬼叫你穷。"这首歌既是黄苏英最喜欢唱的一首歌，也是冼星海的励志歌。黄锦村闲暇时喜欢吹箫，经常跟着外公的冼星海因此喜欢上吹箫，小小年纪，就学会了外公吹箫的全部本领。

1911年，黄锦村去世，黄苏英带着冼星海去新加坡讨生活。为了让儿子有一个美好未来，黄苏英总是想方设法让冼星海读书，接受私塾及英文教育。

1918年，为了冼星海进一步的求知需要，黄苏英带着他从新加坡回到广州，让他入读岭南大学基督教青年会所办的义学。1919年，冼星海升入岭南大学附属中学。在附中读书期间，冼星海加入岭南大学的管弦乐队，在学校组织的大大小小的集会上，冼星海每次都被邀请独奏单簧管。广州人把单簧管称作"洋箫"，单簧管演奏水平娴熟的冼星海得到了"南国箫手"的美誉。1923年，岭南大学管弦乐队原指挥离校，学校聘请冼星海接任管弦乐队指挥。每逢开学典礼、周会、交际会、联欢会、毕业典礼、欢迎会等重大场合，冼星海就穿着整齐漂亮的演出服，拿着指挥棒，娴熟而又激情澎湃地指挥乐队演出。

冼星海热心公益。每到星期日，他就和同学一起到康乐园附近的乡村小学义务教学，教孩子们读书、识字、唱歌和游戏。

1924年，冼星海从岭南大学附属中学毕业。他一边选修大学课程，一边工作补贴家用，还在学校担任音乐教员。

据同样半工半读的钟敬文回忆，在岭南大学就读期间，他和冼星海住在一个宿舍。宽阔的宿舍里，冼星海的床上躺着他那把小提琴，乐谱散放在台面或座椅上，床边立着乐谱的架子，墙壁上贴着贝多芬的肖像。宿舍布置简朴，有些地方稍显凌乱。冼星海身材高大，脸部轮廓不大像一般的广东人，微黑，蓄须，眼睛深沉而富于神采。冼星海曾经向中文专业的钟敬文学习古诗，钟敬文问："你为什么对中国古诗这样感兴趣呢？"冼星海答道："为着我的音乐。一个学音乐的人，单做演奏者是不行的。他必须能够创作曲谱和歌词。要能够创作歌词，就必须深深懂得本国的诗歌了。退一步说，要欣赏和理解别人的歌词，诗的修养也是必要的。"

1926年，冼星海得到广东籍音乐家萧友梅的帮助，入北平艺术专门学校选修小提琴，1928年秋考入上海国立音乐学院。后结识了张曙、田汉等，参加了"南国社"。

为了追求音乐梦想，冼星海再次作出"顶硬上"的选择。1929年，他去巴黎勤工俭学，1934年考入巴黎音乐学院高级作曲班学习。据华北新华书店1948年出版的《人民音乐家冼星海》记载，冼星海是这样描述他的巴黎岁月的："我常常在失业与饥饿中，而且求救无门。在找到职业时，学习的时间却又太少，我曾经做过各种各样的下役，像餐馆跑堂、理发店杂役，做过西崽（boy），做过看守电话的佣人以及其他各种被人看作下贱的跑腿。""我失过十几次业，饿饭、找不到住处，有几次又冷又饿，实在支持不住，在街上软瘫下来了，我那时想大概要饿死了，幸而总侥幸碰到些救助的人。""我写自以为比较成功的作品《风》的时候，正是生活逼得走投无路的时候。我住在一间七层楼上的破小房子里，这间房子的门窗都破了。巴黎的天气本来比中国南方冷，那年冬天的那夜又刮大风，我没有棉被，睡也睡不成，只得点灯写作，那知风猛烈吹进，煤油灯（我安不起电灯）吹灭了又吹灭。我伤心极了，我冻得直颤抖，听寒风打着墙壁，穿过门窗，猛烈嘶吼，我的心也跟着猛烈撼动。一切人生的、祖国的苦、辣、辛、酸、不幸，都汹涌起来。我不能控制自己的感情，于是借风述怀，写成了这个作品。《风》那么受人欢迎，我的先生们很称赞它，在巴黎播音和公开演奏。""我总算万幸考入了高级作曲班，考到了个荣誉奖。他们送给我物质的奖品时，问我要什么？我说要饭票。"

1935年,从巴黎音乐学院毕业后,冼星海在朋友帮助下,从英国乘坐货船回国,在上海四川路124号的亭子间里见到母亲黄苏英。没多久,冼星海参加了洪深领导的上海演剧第二大队,离开上海去各地作抗日宣传。

1938年,冼星海在武汉第一次遇到周恩来。周恩来笑着对冼星海说:"我从你写的救亡抗日的歌曲中,早就认识你了!"

冼星海喜欢接近学生,尤其喜欢接近工人、农民。冼星海从歌咏者的喜怒里,尤其是劳动者的呼喊、抗争里吸收新的力量。在武汉的抗日歌咏活动期间,延安鲁迅艺术学院(鲁艺)来电邀请冼星海担任音乐教授,冼星海咨询过周恩来之后,接受了鲁艺邀请。

最初,冼星海认为延安的理论学习、开会、开荒无关音乐。到延安一段时间后,冼星海认为:"鲁艺是全延安歌咏运动的中心,从影响上说,也许还是全国歌咏运动的中心吧。开会时,大家交换了意见,不同的经过争论后又相同,因此就没什么隔阂,容易团结。""我发现音乐上许多过去不能解决的问题,在社会科学的理论上竟得到解答。""因为开垦种地,身体得到了锻炼,吃小米饭也香了。"

冼星海不仅在音乐上贡献卓著,而且在为文、孝亲、敬老方面也一直在学习借鉴。他在给母亲的家书中,把对母亲的爱和孝,升华到对祖国母亲的大爱境界。

1937年,冼星海离开上海后,在给母亲的信中写道:"自我离开上海后,妈妈必定感到很寂寞,为的并没有亲近的人在你身旁,连可靠的亲友也逃避到香港了。""但在英勇的抗战当中,我们得要忍耐,把最伟大的爱来贡献国家,把最宝贵的时光和精神都要化在民族的斗争里,然后国家才能战胜。"冼星海给母亲的信,从1988年起到2015年,先后入选全国中专语文教材、爱国主义文粹、高中大语文、中华名人家书、大学人文读本、百年百篇经典书信、20世纪中外巨人随笔精品文库、学生文明礼仪指南等选集。

冼星海曾经用的"黄训"的化名,是1940年冼星海去苏联时与妻子钱韵玲商定的。"黄"用冼母黄苏英之姓,"训"用钱母王德训之名。黄苏英临终前,托人把两包东西转交给她的儿子,内有冼星海的两支破旧钢笔和大量音乐作品的手稿。

1962年,冼玉清教授在《羊城晚报》发表文章《冼星海中学时二三事》,回忆当年冼星海在岭南大学时与自己的一段师生之谊。冼星海在岭南大学附属中学半工半读,每天抽出两小时在格兰堂书楼工作,售卖书籍纸笔等物,同时加入岭南银行乐队,吹奏直箫。他就靠着这两份工作的收入缴交膳费、学费。

1985年6月13日,国家发行冼星海诞辰80周年纪念邮票。

1989—1990年,《冼星海全集》(共10卷)由广东高等教育出版社出版。

1995年,音乐故事片《冼星海》上映。

2005年,二十集电视连续剧《冼星海》在中央电视台播出。

影片《星海》(又名《少年星海》)于2011年6月1日上映,2014年10月20日在美国纽约联合国总部放映。

在中山大学广州校区南校园,每年一度的研究生星海音乐节已举办多届。中大学子年复一年地通过执着的音乐追求,在年度音乐盛宴上,跨越时空与星海对话,纪念这位康乐园走出来的音乐大师。

| 雕塑
| 档案

冼星海雕塑基座背面碑文

冼星海,广东番禺人,我国现代杰出的音乐家。一九一八年先后在岭南大学义学、附中、预科学习。曾任"惺社"美术主任、岭大音乐教师。先后赴北京、上海、法国巴黎学习音乐。一九三八年赴

延安，任鲁迅艺术音乐学院音乐系主任。一九四五年病逝于莫斯科。作品有《黄河大合唱》等四部交响乐和歌曲五百余首，对全国人民起了巨大的鼓舞作用。

香港岭南大学校友敬献　曹崇恩　廖惠兰雕塑
公元一九八四年十一月二日　廖蕴玉书

人物档案

冼星海（1905—1945），曾用名黄训、孔宇，祖籍广州番禺，出生于澳门，中国近代著名作曲家、钢琴家，有"人民音乐家"之称。1918年，13岁的冼星海入读岭南大学附属中学的义学。为了赚取学费和伙食费，学习之余，他加入岭南银行乐队，担任直箫演奏，并得到"南国箫手"的雅号。1926年入北京大学音乐传习所，1928年进入上海国立音乐专科学校学习音乐。1929年去巴黎勤工俭学。1934年考入巴黎音乐学院高级作曲班，师从著名提琴家帕尼·奥别多菲尔和著名作曲家保罗·杜卡斯。1935年回国，1938年11月3日抵达延安，后担任鲁迅艺术学院音乐系主任。1945年10月30日病逝于莫斯科。1983年，冼星海骨灰移交中国，安葬于番禺县城，1985年移至广州市麓湖公园内的星海园。

奔跑吧，中大人
——英东体育馆"倒挂金钩"雕塑

李庆双

在中山大学英东体育馆广场的左前方，矗立着一尊铜制的体育雕塑。雕塑大约高三米，分两个组成部分，下面是个四方形的基座，上面是三个男性足球运动员在运动场上奋勇拼搏的姿态。雕塑充满了阳刚、向上的动感和力度。其中，一名球员腾飞起来救球；另一名守门员扑倒在地，把球紧紧抱在怀里；还有一名球员呈现反身倒踢球的雄姿，被称为"倒挂金钩"（图1）。

中山大学一直非常重视体育运动，中山大学前身之一的岭南大学是西式运动的先锋。清末，岭南大学就开展了足球、网球、棒球、田径、游泳等体育活动，强调体育对培养人格的重要作用，岭南大学多次获得广东省运动会的团体冠军。

在孙中山先生的一生中，体育始终占有突出地位，并与他的革命思想和斗争实践密切结合。戊戌变法时期所形成的"强兵、强种、强国"的体育思想，被孙中山所接受。孙中山认为："此剧烈竞争之时代，不知自卫之道，则不适于生存。"要国人重视体育，"于强种保国有莫大之关系"。孙中山早年的体育思想"尚武精神""欲图国力之坚强，必先图国民体力之发达"成为他复兴中华的理想之一，也影响着中山大学体育传统的形成。

1936年柏林奥运会，中山大学的学生黄英杰、叶北华、黄记良三人参加了田径、足球比赛，是中国奥运的先驱之一。其中，黄英杰是农学系学生，田径110米跨栏的成绩为16秒，他此前的最好成绩是

图1 "倒挂金钩"雕塑

15秒7。叶北华、黄纪良分别为国家足球队边锋、守门员,与当时的中国球王李惠堂一起叱咤风云。

百年来,中山大学的学科设置随时代变迁而不断调整,但体育始终都在学校教育中占有一席之地。新中国成立后,党和国家重视学校体育,加强了体育立法,培养了大批体育师资。中山大学体育传承创新,坚持以"育人"为宗旨,注重培养德、智、体全面发展的人才。

20世纪80年代初期,中山大学一直想建一座体育馆,但因资金紧缺而无法实现。全国政协副主席、香港著名爱国实业家霍英东先生一生重视和爱好体育,在得知中山大学建馆资金困难的消息后,马上决定捐资3700万港元,在中山大学兴建现代化体育建筑群,包括英东体育馆、田径运动场、网球场、综合球类场、游泳场和管理办公楼。当时,该体育建筑群,无论是场地规模还是系列设施,或是建筑材料,在内地都是第一流的。1984年11月11日,中山大学隆重庆祝建校六十周年,同时举行了英东体育馆的奠基典礼。后来,在霍英东的积极倡议下，国家教委于 1990 年 1 月，在中山大学成立中国第一个"中国大学生体育训练基地"。该基地的建立为中山大学培养了许多高水平运动员，也为大学生的体育运动提供了良好空间。不少奥运冠军、世界冠军先后来中山大学就读。

霍英东爱国和支持教育事业的精神令人感佩，他曾说，"我和人民一样希望国家富强、社会安定、人民安居乐业"，"我希望尽我所能，为社会和大学做一些事情"。为表彰霍英东对中山大学体育事业所做的突出贡献，中山大学于 1986 年授予霍英东"中山大学名誉博士"。

2010 年，时任中山大学校长黄达人在接受《深圳特区报》采访时说："中山大学的确与体育有不解之缘。远的不说，单看近年的各种国际性大型赛事，就相继有一批中大学子夺得金牌。像大家熟悉的中国'三剑客'之一的董兆致，2007 年世界大学生运动会花剑个人冠军吴汉雄等；早期的还有跳水世界冠军余卓成、中国象棋特级大师许银川等。今年的毕业典礼很有意思，我同时向三位奥运冠军：跳水的劳丽诗和杨景辉、举重的陈小敏，授予了学位。广州亚运会开幕式上，奥运冠军、最后一棒火炬手何冲用中国传统的放礼花方式点燃主火炬。何冲也是中山大学的学生。刚刚结束的广州亚运会男子游泳比赛上，中大教育学院体育系 2008 级研究生周嘉威，为中国队添了两金。"

中山大学现任校长罗俊在上任之初，就非常重视大学生的体育运动，希望在学生中广泛开展群体性的体育活动，实现 100% 的体育达标率。在罗俊校长的大力推动下，体育活动在校园里广泛开展并蔚然成风，"奔跑吧，中大人"已成为中大人的运动口号。

雕塑档案

英东体育中心落成记

（标题篆书，正文繁体隶书）

　　一九八八年秋杪，英东体育中心落成。我校名誉博士霍英东先生，商界巨擘，爱国名流，为振我体育，翼我雄风，赠我巨资，起我宏图。于是拓广袤，垒广厦，以体育馆为主体工程，辖游泳池、网球场、田径运动场诸项。茂林环抱，崇馆峥嵘，绿草芊芊，碧波淼淼，整体构筑，蔚为大观。况器械臻善，设施先进。从此康乐显豪俊之姿，英雄添用武之地。溯自中心奠基以还，英东博士育才心切，爱校如家，亲临敦督，以底于成，其行可则，其情可感。凡我健儿，莅斯锻炼，或鱼翔于沼底，或虎跃于毯中，或鹰扬于网前，或龙腾于场内。增强体质，允武允文，共期寰宇扬威，相与切磋拼搏。十年磨剑，毋负神州父老厚望；一飞冲天，常记英东博士盛意。

黄天骥撰　张振林书
中山大学立　1988.11

广州精息铸造厂承铸　罗丽芳　李炳荣　合作　1988

独立之精神,自由之思想
——一代宗师陈寅恪学术与生命浑然一体

邓敏灵

人物格言

先生之著述或有时而不章;先生之学说或有时而可商;惟此独立之精神,自由之思想,历千万祀,与天壤而同久,共三光而永光。

——陈寅恪

人物风采

陈寅恪故居,原名麻金墨屋一号,位于中山大学广州校区南校园东南区一号,今东北区309号。故居北草坪上,陈寅恪铜像落成于2012年3月18日,凝固了陈寅恪为学生上课时的形象——长衫布履,拄着拐杖,目光如炬(图1)。女儿们说,雕塑倔强地抿着嘴的样子最像父亲。陈寅恪先生的学生、历史系教授蔡鸿生说,社会上有关陈先生讲课所谓"四不讲"(前人讲过的不讲,别人讲过的不讲,外国人讲过的不讲,自己曾经讲过的不讲)是无稽之谈,如果果真如此的话,那么就是不让陈先生讲话。

20世纪50年代的东南区一号屋前,时常可以看到夫人唐筼陪着陈寅恪在小路上散步的身影。受邀来岭南大学教书时,陈寅恪已经在黑暗中生活了5年,长期严重用眼过度导致他视网膜脱落,只能依

图1 陈寅恪雕塑

稀辨明光亮。岭南大学为此专门将门前小路漆成白色,方便陈寅恪辨识,并在房屋东侧路口处安上及腰高的木栅栏,以策安全。

为了照顾陈寅恪的身体,课室被设在他卧室外面的走廊上,这是他一生最后的课堂。一张藤椅旁是一块小黑板,对面一排椅子摆开,这个总面积不超过20平方米的教室配置极为简单,而谁能想象出这其中曾迸发出多少智慧的火花。

有弟子在1950年5月,自发而虔诚地向陈寅恪赠送了一面锦旗,上面绣着"万世师表",感谢他在教书育人上所付出的心血。这件事早已成为历史佳话,学界公认:"他当之无愧,对于一个大师,一看道德,二看文章,这两方面他都非常高。"

直到今天,曾在中山大学校园里亲自聆听过陈寅恪授课的胡守为教授,还时常深情回忆起先生感人至深的责任感和谨严的治学态度。夏季,陈寅恪常穿一套中式对襟衣服工作。学生都来了,助手黄萱摇摇铃。先生忙停止工作,起身离开书桌,拄着拐杖来到起居室,换一身夏布长袍,摸索着坐到黑板旁的藤椅上,准备上课。当时读历史系的学生很少,有一个学期,陈寅恪讲授"唐代乐府",仅有一名学生选修,虽然如此,先生照样上课,而且绝无半点马虎。

陈寅恪治学面广,对宗教、历史、语言、人类学、校勘学等均有独到的研究和著述。陈寅恪上课时,慕名来听课的学者有中文系教授詹安泰、董每戡、王起、冼玉清等人,均为知名文史学家、戏剧爱好者。陈寅恪执教于清华大学国学研究院之时,吴宓、朱自清等大学者都常旁听他的课程,教授之间有不同的见解也常常求教于他。于是有人称他是"教授的教授"。

因为卓越的学识和成就,陈寅恪在康乐园受到特别的尊重和礼遇。作为教授,他是最高的一级;20世纪50年代评定工资等级时,学校的核心小组初评意见是最高的"特级",每月工资381元,被人羡称为"381高地";《中山大学学报》为他设了一个"特级稿费"制度,每千字稿费可达20元,而一般的稿费为每千字12元;在医疗和交通方面,校方也尽量给予最好的待遇。

在众多与陈寅恪有学术联系的人之中,他的学生蒋天枢为人们书写了师道的重量,让人感到沉甸甸的学脉延续。

陈寅恪早年喜读小说,但并不喜欢繁复冗长的七字弹词,后来留学欧洲,读了希腊的史诗名著,感到其某些方面与我国的七字弹词相似,就改变了厌恶七字弹词的心理。当陈寅恪"衰年病目,废书不观,惟听读小说消日"之时,蒋天枢便从上海寄来了《再生缘》弹词道光刊本、申报馆排印本各一部,以供陈寅恪听读。陈寅恪有感于《再生缘》作者陈端生的身世,产生研究热情,广泛搜集资料,研究、写就《论再生缘》。

1958年,蒋天枢在其《履历表》"主要社会关系"一栏中写道:"陈寅恪,69岁,师生关系,无党派。生平最敬重之师长,常通信问

业。此外，无重大社会关系，朋友很少，多久不通信。"

陈寅恪晚年，将整理出版自己著作的事全权委托给蒋天枢，被后辈学人看作他一生学问传承的"性命之托"。受托的蒋天枢，作为陈寅恪的学生，在新中国成立后，10余年间师生两人只见过两次面。

在陈寅恪托付毕生著作的那几日见面中，一天，蒋天枢如约上门，恰好陈夫人不在家，没有人招待他，已目盲的陈寅恪当时没有在意，就直接与蒋天枢谈话，结果蒋天枢就一直毕恭毕敬地站在老师床边听着，几个钟头始终没有坐下。那时，他已年过花甲。

陈寅恪耗10年时光完成80万字的鸿篇巨著《柳如是别传》，也凝聚着蒋天枢的诸多心血。

1954年，陈寅恪有意撰述《钱柳因缘诗证释》时起，蒋天枢就参与协助搜集、考辨有关史料的基础性工作。在相当长的一段时间内，师生二人上海广州两地的书信往还，主要的内容就是钱谦益、柳如是及其相关话题。蒋天枢将多方搜集到的有关史料（有时还用多种版本加以校勘）工整抄录，加以简要说明或考订，寄给陈寅恪。陈寅恪在广州听助手黄萱诵读后，口述其中应当继续查证的问题，再反馈给蒋天枢。蒋天枢得信，又继续查证。10年里，这样的互动一直在延续着。有时在上海无法寻得陈寅恪需要的资料，蒋天枢便托在京友人去北京图书馆查寻，查寻一有结果，考据属实，即刻转寄广州。

《柳如是别传》撰写的10年里，蒋天枢曾先后到钱谦益与柳如是当年主要的活动地点苏州吴江、嘉兴等地查访，为陈寅恪找了不少有关"钱柳因缘"的材料。

陈寅恪撰写《柳如是别传》的过程中，根据文献推测得知有柳如是画像真迹存世，他很想得到这幅画像资料，使自己的著作图文相得益彰。画像可能收藏的地方，蒋天枢曾经工作过，蒋天枢尚在当地工作的同事或朋友极有可能帮忙找到这幅真实而富有价值的画像。陈寅恪去信给蒋天枢，蒋天枢找到在沈阳东北博物馆工作的朱子方帮忙，恰好柳如是画像就保存在东北博物馆里。朱子方同有关工作人员说明情况，很快找到柳如是画像，翻拍成照片寄到上海。陈寅恪收到蒋天枢从上海寄来的柳如是小像，激动不已，不忍释手。

蒋天枢没有辜负陈寅恪这份重托。晚年，他放弃了对自己学术成果的整理，全力校订编辑陈寅恪遗稿，终于在1981年出版了300多万字的《陈寅恪文集》，基本保持了陈寅恪生前所编定的著作原貌，作为附录还出版了他编撰的《陈寅恪先生编年事辑》。当时出版社给他3000元整理费，他一分钱也没有收，全部退还。他说："学生给老师整理遗稿，怎么可以拿钱呢。"编撰《陈寅恪先生编年事辑》期间，蒋天枢在给友人的信中表示，他向读者传递这样的信息——陈先生是"中国历史文化所托命之人"。

在陈寅恪的学术成就里，另一位起重要作用的是他的助手黄萱。

1964年4月，史学大师陈寅恪教授，在中山大学寓所由夫人唐筼代笔，写了一篇《关于黄萱先生的工作鉴定意见》，内容如下："一，工作态度极好，帮助我工作将近十二年之久，勤力无间始终不懈，最为难得。二，学术程度甚高，因我所要查要听之资料，全是中国古文古书，极少有句逗，即偶有之亦多错误。黄萱先生随意念读，毫不费力。又如中国词曲长短句，亦能随意诵读协合韵律。凡此数点聊举为例证，其他可以推见。斯皆不易求之于一般助教中也。三，黄先生又能独立自找材料，并能贡献意见修改我的著作缺点，及文字不妥之处，此点犹为难得。总而言之，我之尚能补正旧稿，撰著新文，均由黄先生之助力。若非她帮助，我便为完全废人，一事无成矣。上列三条字字真实，决非虚语。希望现在组织并同时或后来读我著作者，深加注意是幸。"

据黄萱回忆，1952年冬天，因为偶然机会，经好友关颂姗介绍，担任陈寅恪教授助手，由于"文革"影响，1966年被迫离开。在担任助教最初的日子里，黄萱萌生过打退堂鼓的想法，但陈寅恪从没有向黄萱发过脾气，他一字一句指导黄萱，总是那么耐心，从不苛求，所以，很多次黄萱话到口边又咽了回去。陈寅恪一直让女儿们称黄萱

为伯母，表示自己与黄萱同一辈分。

陈寅恪在多种疾病的纠缠下，不能看书，改为听读；不能写作，改为口述。陈寅恪在黑暗的世界中勤勤恳恳，挥动粉笔在小黑板上写出字样，然后由夫人或者助手黄萱抄下来。晚上他又躺在床上反复推敲，甚至因为害怕自己忘记某个改进点而一整晚不敢睡觉，直到第二天早上听到助手的敲门声，马上口述给她进行修改。他说："晚上想到的问题，不快点交代出来，记在脑子里是很辛苦的。"

陈寅恪在广州度过了他生命中的最后20年，同时也是最艰难、最璀璨的20年。这一时期他新撰论著100多万字，近乎他一生著作的一半，可以说是学术研究的第二次黄金时代。

2003年4月30日，一代国学大师陈寅恪和夫人唐筼的骨灰归葬江西庐山植物园，安置骨灰的小山冈已被正式命名为"景寅山"。

人物档案

陈寅恪（1890—1969），江西省义宁州（今修水县）人，生于湖南长沙，中国近代最负盛名的历史学家、古典文学研究家、语言学家。1902年随兄留学日本，后入复旦公学，游学德国、法国、瑞士，前后时达23年，通晓英文、法文、德文、日文、俄文、梵文、突厥文等多种东西方语言文字。1925年在德国接受清华大学国学研究院导师之聘，执教于清华大学，时有"教授的教授"之称。1949年岭南大学中文、历史两系合聘教授，1952年院系调整后任中山大学历史系教授。新中国成立后受聘为中央文史馆副馆长，当选中国科学院哲学社会学部委员，第二届全国政协委员，第三、四届全国政协常委。著有《唐代政治史述论稿》《隋唐制度渊源略论稿》《元白诗笺证稿》《论再生缘》《柳如是别传》。

承志家国,百折不挠
——廖承志起伏一生写传奇

孙正阳

人物格言

革命的战士,不但要准备牺牲在阶级敌人从正面射来的子弹下,也应准备自己的"战友"发射的流弹击中了自己。

——廖承志

人物风采

在中山大学广州校区南校园333栋东侧,矗立着一尊半身像,他面带笑意,双手抱拳,仿佛在向看他的人打招呼,使人如沐春风。他就是在康乐园生活、学习过的岭南大学校友廖承志,新中国杰出的党和国家领导人(图1)。他75年的人生充满了传奇,经历家国动荡,几经浮沉,终成一位杰出的革命家。

廖承志,广东惠阳人,1908年出生于日本东京大久保。他的父亲廖仲恺、母亲何香凝都是国民党元老和孙中山的得力助手。他出生时,父母亲正在日本东京留学。他们盼望孩子以后继承革命志向,为中国的独立自由而奋斗,便给他起名"承志"。由于父母都是革命党人,廖承志从小便受到革命思想的熏陶。1914年7月,他家搬到涉谷,步行五分钟就可到达青山六丁目孙中山的住宅。他常常同父母

图1　廖承志雕塑

去孙家,与孙中山、宋庆龄等频繁接触。1916年4月9日,他跟随父母,参加孙中山在东京组织的"帝政取消一笑会",并非常荣幸地倚靠在孙中山的怀里摄影留念(图2)。

1922年6月,陈炯明发动武装叛乱,廖仲恺身陷囹圄,仍念念不忘对儿女的教育,写诀别诗一首,题为《诀醒女、承儿》:

女勿悲,儿勿啼,
阿爹去矣不言归。
欲要阿爹喜,阿女、阿儿惜身体。
欲要阿爹乐,阿女、阿儿勤苦学。
阿爹苦乐与前同,只欠从前一躯壳,
躯壳本是臭皮囊,百岁会当委沟壑。
人生最重是精神,精神日新德日新。
尚有一言须记取:留汝哀思事母亲。

图 2　廖承志从小就受孙中山、宋庆龄等人的革命熏陶

投自革命的洪流。

客观环境及家庭的影响，使年少的廖承志萌生了强烈的爱国心。随父母回国后，先在岭南大学附属中学学习，后入岭南大学学习，并开始参加学生运动。1925年6月23日，在广州沙基反帝游行示威中，廖承志负责组织学生队伍，当队伍通过沙面桥开往沙面租界区时，机枪噼里啪啦地扫射过来，一颗子弹打穿了廖承志的帽子，他本人有惊无险，安然无恙。

廖承志一生中的许多时光是在囚禁中度过的，平均7天中，他就有1天被囚禁。三次在日本；一次在荷兰；两次是被国民党逮捕入狱；一次是被张国焘迫害，内定"枪决"，戴着脚镣手铐参加长征。

1934年，中央派廖承志到红四方面军工作，也从上海带去了中央对张国焘的批评文件。尽管廖承志并不知晓文件内容，但还是被张国焘视为异己。因为不同意张国焘的"左"倾错误，廖承志被张国焘以莫须有的罪名宣布为反革命，永远开除党籍，交由政治保卫局看押起来。1935年4月，红四方面军开始长征，廖承志白天戴着手铐行军，晚上戴上脚镣，听收、抄译短波消息，刻蜡版，书写材料，设计宣传标语，画领袖画像。他画速写画，在蜡纸上进行"木刻"，然后油印制作成宣传画、连环画，发到部队进行展出或传阅……开除廖承志党籍的文件，也是让他自己刻出来的。

在前堵后追的长征途中，张国焘之所以没杀廖承志，除了他的家世、共产国际和党中央的压力外，最重要的还是他会刻蜡版，会五国语言，能"抓到"别人看不见听不懂的外国电波，是部队的千里眼、顺风耳。1936年，廖承志经周恩来营救获释；12月抵达陕北保安，在红色中华通讯社负责编译外国通讯社电讯。1942年在粤北，被国民党绑架后再次入狱。1946年被党组织营救后，返延安，任新华社社长。

新中国成立初期，一次青年团中央开常委会，担任书记的廖承志忽然高声对大家说："诸位，我说一件亲身经历的事，奉劝你们千万别说一句瞎话！昨天晚上，我忙到一两点钟才躺下，睡得很香，还做了一个梦。忽然床头电话铃声把我吵醒了，我很恼火，是谁半夜还打电话？迷迷糊糊地拿起话筒，只听有人问：'廖承志同志在吗？'我没好气地说：'廖承志同志不在！'就想放下。不料对方马上说：'你不是小廖吗？怎么说自己不在？'我这才清醒，听出来那不是别人，正是周总理呀！吓得睡意全无，等着挨批评。总理说：'小廖啊，你怎么当面撒谎？不是急事，我能在半夜找你吗？幸亏我听出来是你，否则，岂不误了大事？'我连忙做自我批评，保证今后不再干这种事，又马上去办总理交办的事，再也没敢睡觉。诸位听了，有何感想？其实，我这个人从不说瞎话。……不想昨夜在睡梦中无心说了瞎话，又让总理抓住。今后一定要引以为戒。"

廖承志曾担任中共中央统战部副部长、中央对台工作领导小组副组长等职务。1982年7月，他给蒋经国写了封语重心长的公开信。

在信中称"经国吾弟"，忆旧说"幼时同袍，苏京把晤"（二人是莫斯科中山大学校友），劝蒋"负起历史责任，毅然和谈，达成国家统一，则两党长期共存，互相监督，共图振兴中华之大业"。这封信在海峡两岸关系史上写下了浓重的一笔。

廖承志多才多艺，写诗写文章，编剧本，作速写，唱歌演戏，样样行。新中国成立初期，他兼任过中国青年艺术剧院院长，领导文艺工作者排演了不少有名的话剧。他建议香港的电影公司拍两部武术片：少林拳和太极拳，因为他认为少林拳和太极拳是中国最有名、最厉害的两类武术。当他得知香港的一家影片公司写了一个剧本，并已在河南少林寺所在地嵩山开拍时，便询问影片的导演、演员是哪些人。之后，他认为这部片子不能这样拍，就要求修改剧本，调整导演、演员，并提出必要时，可以请日本的导演，因为日本有一个少林寺联盟，人多势众。他要求找有真功夫的人来演，绝不能打那些花拳绣腿。

影片《少林寺》拍摄完成后，廖承志建议大力宣传。于是，主要演员匆匆忙忙赶往香港，参加影片的首映式，并在电视台表演。根据廖承志的建议，影片在春节期间上映。因春节观影人多，香港电影界都把好影片放在春节上映，报纸每天都登载各影院的售票情况。果然，《少林寺》一炮打响，票房一直高居第一。《少林寺》轰动国内外，港澳人人争看，台湾也有人专门到香港观看。有人将《少林寺》的电影票作为春节红包送人，成为最受欢迎的礼物。

廖承志在日本出生，先后在日本生活、学习了16年。因此，他谙熟日本的风土人情、社会状况，能说一口地道的日语。他在北京通过电台发表日语讲话时，日本民众都说其声音"和本国人说话一模一样"，这使他在日本民间极具亲和力。新中国成立初期，与美国、日本无官方联系，而廖家在日本有不少朋友，廖承志利用这些得天独厚的条件，通过民间沟通，协调和改善各方面的关系。他以"交朋友"

的方式，成为"民间大使"。

廖承志担任中日友好协会会长20年，与日本日中友好协会理事长宫岐世民是老朋友，二人情同手足，且是世交，当年廖仲恺和宫岐世民的父亲宫岐民藏就是挚友。廖承志每次到日本，都要登门拜访宫岐世民，向他介绍中国的发展情况。宫岐世民从1953年起访问中国多达21次，每次到北京都去拜访廖承志姐弟。

1978年10月，邓小平访问日本时特意交代外交部：此次访日，一定要带上廖承志这个"日本通"。廖承志陪同邓小平出席了10月23日两国政府交换中日和平友好条约批准书的签字仪式，多年的努力见到成果。廖承志奋笔手书了周恩来东渡日本时创作的著名诗篇《雨中岚山》，由日本国际贸易促进会刻在一块椭圆形的大石头上。这块象征中日友谊的诗碑，至今仍矗立在日本京都的岚山公园里。

1985年，中山大学为了纪念廖承志这位杰出校友，在康乐园地势最高的马岗顶落成廖承志雕像。时任全国政协主席邓颖超为雕像题名：廖承志像。

2008年，廖承志100周年诞辰，其骨灰从北京八宝山革命公墓迁葬到惠州红花湖景区故乡园。

| 雕塑
| 档案

廖承志雕像基座碑文

（繁体楷书）

廖承志学长（一九零八—一九八三），广东惠阳人。一九一九年起，先后就读于岭大附中及岭南大学。一九三四年，参加了举世闻名的二万五千里长征。建国后历任中共中央政治局委员、全国人大常委会副委员长等职，是党和国家的优秀领导人。一生襟怀坦白、光明磊落,德学才艺兼优,为我国的革命建设和联合台湾、港澳、海外同胞,实现祖国统一的大业作出了卓越的贡献。兹特雕像勒珉,立于母校校园。彰前励后,以昭纪念,并垂久远。

岭南大学香港澳门部分校友敬献
一九八五年岭南大学广州校友会立石
曹崇恩　廖惠兰塑像　中山大学廖蕴玉书

人物档案

廖承志(1908—1983),曾用名何柳华。广东惠阳县(现惠城区)陈江人,生于日本。中国无产阶级革命家,杰出的社会活动家,党和国家的优秀领导人。解放战争时期,任新华通讯社总社社长,中共晋冀鲁豫中央局宣传部部长,中共中央宣传部副部长。中华人民共和国成立后,历任中共中央统战部副部长,中共中央对外联络部副部长,国务院外事办公室副主任,华侨事务委员会副主任、主任兼北京外国语学院院长,华侨大学校长,国务院侨办主任,国务院港澳办主任,中日友好协会会长,第五届全国人民代表大会常务委员会副委员长。中共第七届候补中央委员,第八、第十、第十一、第十二届中央委员,第十二届中央政治局委员。著有《廖承志文集》。

学贯中西，行为世范，一位儒雅长者
——中大校友端木正的一生

孙正阳

人物格言

一生最爱是教书。

——端木正

人物风采

在中山大学广州校区南校园317栋东南侧，竖立着一尊半身铜像。他面容慈祥，隐有笑意；目光温和，学者风范浑然天成。他，便是中山大学著名法学家、历史学家端木正教授（图1）。塑像安详、深思的神态突显了端木正学贯中西仍不断探索进取的大家风范。

端木正祖籍安徽省安庆市，在北京出生。5岁时，与大哥端木中一起在北京东城第十八小学（府学胡同小学）读书。1928年，随父移居南京，转入南京夫子庙小学就读。1937年6月，毕业于南京金陵大学附中高中。7月，到上海参加北平高校入学考试，被燕京大学新闻系录取，后借读于武汉大学政治系。1942年武大毕业；次年，考入清华大学研究院法科研究所，成为该所国际法组研究生，师从邵循恪、张奚若、陈序经等教授。前后共五载，后毕业留校任教。1948年10月，作为公费生赴巴黎大学，攻读国际法专业博士学位。1950年6月，获法国巴黎大学法学博士学位，其学位论文是《论国籍在国际法

图 1　端木正雕塑

院组成和运用上的重要性》。1951 年，获巴黎大学高级国际研究所毕业文凭，毕业论文是《中国海上捕获法》。5 月，返归中国，应岭南大学校长陈序经之邀，任教于该校历史政治学系，从此开始了他在康乐园的执教生涯。端木正长期从事法学、历史学、政治学的教学和研究工作，主授"国际法""条约法""国际法学史"等课程。

端木正生前居住在马岗顶东北区 316 号楼一层，他的学生们都将这里看作精神之家。

"在端木老师还未赴北京任最高法院副院长前，我们常到老师家里请教问题，有时候还会蹭饭。"法学院的黄瑶校友回忆，"我最有印象的是师母姜凝老师的汽锅鸡，掀开盖香喷喷的气息扑鼻而来，现在想想还是嘴馋。"端木正有时也会亲自下厨，为学生煮水饺。

端木正心系学子，关爱学生，让所有的弟子备感温暖。

端木正为研究生导师时，总会亲临学生宿舍，与自己的学生交流、恳谈。黄瑶至今记得，他是自己宿舍第一位来看弟子的老师，也是看望次数最多的老师。每次，端木正都会和妻子结伴而至，谈吐幽默风趣，仪态从容。这也让黄瑶的舍友们好生羡慕。

端木正的头顶有着许多耀眼的光环：我国著名法学家，最高人民法院原副院长，中山大学法律学系复办后首任系主任，香港基本法起草委员会委员，荷兰海牙的常设仲裁法院首批仲裁员……

但是，在中大人的眼中，他是一位让人尊敬的老师。一位记者在采访端木正时问他："您的一生，做学问、当教书匠、从事审判事务，哪样最重要？"端木正毫不犹豫："教书！"端木正50多年的执教生涯几乎都是在中山大学度过的。

1951年，端木正获法国巴黎大学法学博士学位后，回国就任岭南大学历史政治学系副教授兼代系主任，后任中山大学法政学系、历史学系副教授；1980年，中山大学复办法律系，他出任第一任系主任；1987年，中山大学法学研究所创办后，他任第一任所长。

端木正在法国攻读博士的时候，时任岭南大学校长陈序经就写信给他，让他毕业后到广东来。毕业后他如约而至。从此，端木正在广州一待就是55年，即使去最高人民法院任职，户口也没有离开过中山大学。由于历史原因，端木正"年轻力壮"的时候却不能正常教书。他后来回忆说："因为不能正常教书，特别难过。住在自己亲手搭建的草棚里，光着脚下地去种田，身体上的辛苦是次要的，想到不能给学生上课最苦闷。"在那些艰辛的日子里，他等待着"正常教书"的机会："在大学关门、学生全部下乡劳动的日子里，我也坚信这样的日子不会长久，因为世界上没有不开课的大学。"不过，后来即使回到了校园，他也只能教授政治学、历史学，因为当时的广东已没有了"法学教育"。

花甲之年，端木正终于等到了教法学的机会。这一年，中山大学校领导找到他，请他参加复办法律学系，并出任系主任。端木正从零做起。法律系复办之初，首批招了40个学生，整个法律系教师和员工加起来只有七八个人。

端木正的女儿，中国社会科学院研究员端木美后来在接受媒体采访时说："1980年中大复办法律系，父亲当年已是年逾花甲，受命白手起家，一无书二无人地重建起法律系。首批本科生40人，是最小的系，但如今，中大法学院已在全国响当当。"端木美幼年印象最深的是父亲在昏暗的灯光下、窄小书房的书堆中勤奋工作的背影。

1989年，最高人民法院向端木正发出邀请，请他考虑出任副院长。但他还想着他的学生："都一大把年纪了，当啥大法官，而且还有学生要带。"最高人民法院一再邀请。端木正最后还是到了最高人民法院，那一年，他刚好是古稀之年，成为最高人民法院任职时最年长的法官。

中山大学法学院开始招收研究生时，端木正每年都要亲自带国际法的研究生。即使在最高人民法院任职期间，端木正也从不放弃他"教书匠"的职责。他常对身边的人说："我是一个教师。"端木正每年回广州两次，一次是给国际法专业的研究生上课，另一次是主持国际法研究生的毕业论文答辩。

中山大学法学院硕士毕业生，现执教于华南师范大学法学院的许楚敬还记得当年论文答辩时的情形："端木老师听学生陈述时总是闭着眼睛的，但其实他听得很认真仔细。陈述完后，就进入那令我们汗颜的'挑错'时间，连标点符号都不放过，一遇到错误，就会给我们严谨地指出来。"

黄瑶回忆说："端木老师在给研究生上第一课时总是先强调，要学法，先要学会做人。法律人一定要廉洁自爱，执法者守法是做人的根本。"

在端木正半个多世纪的教书匠生涯中，学生在他的心中始终居于特殊的位置。

中山大学法学院硕士毕业生，中国人民大学法学院博士生张元元在纪念老师端木正的文章中回忆："第一次上课时，端木老师请我

们用纸写下姓名、兴趣、理想等个人概况，并且将我们的情况工工整整地誊写在一本记事本上。他说，希望记住我们每个人的名字。对于一位年届八旬的老人，这并不容易。但是，在最后一节课下课时，端木老师竟然一一说出我们的名字，并送给我们每人一张他亲手书写的贺卡。”

在给弟子侯向京的信中（图2），端木正希望其在美国学成后回国：“你所说在美国生活和学习的感想都是很真切的，令我很多感触。近年我们派出的留学生很多滞留外国，不按期回来，以致我们原定培养的、优秀的接班人不能上岗接力，许多老教师仍在讲堂上坚持。有人议论我放走的太多、太松，我却至今不悔。现在我仍然如此，对外开放不能因噎废食，学国际法的应该出去扩大视野。但是我对每个同学都说，出国是为了回国工作，我自己过去和现在都是如此。我们只有在自己的乡土上才能体现自己的价值。我从年青时起就不愿寄人篱下，甚至求为二等公民而不可得，流落异邦仰人鼻息。这是我的自尊心所难以容忍的。希望你们在学习和实习到一定阶段，早定归计。”

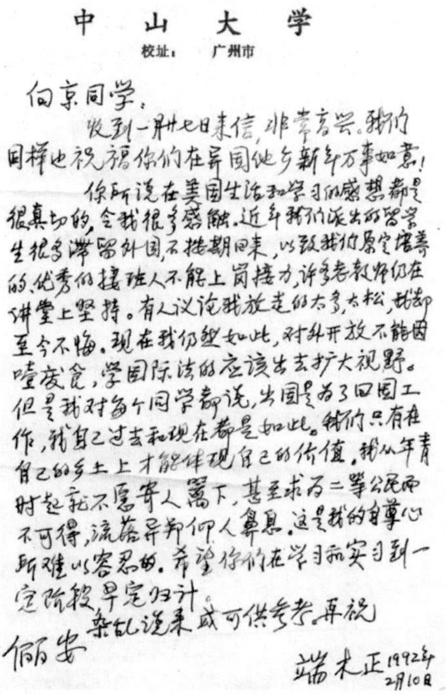
中山大学
校址：广州市

向京同学：

收到一月廿七日来信，非常高兴。我们同样也祝福你们在异国他乡新年万事如意！

你所说在美国生活和学习的感想都是很真切的，令我很多感触。近年我们派出的留学生很多滞留外国，不按期回来，以致我们原定培养的、优秀的接班人不能上岗接力，许多老教师仍在讲堂上坚持。有人议论我放走的太多，太松，我却至今不悔。现在我仍然如此，对外开放不能因噎废食，学国际法的应该出去扩大视野。但是我对每个同学都说，出国是为了回国工作，我自己过去和现在都是如此。我们只有在自己的乡土上才能体现自己的价值。我从年青时起就不愿寄人篱下，甚至求为二等公民而不可得，流落异邦仰人鼻息。这是我的自尊心所难以容忍的。希望你们在学习和实习到一定阶段早定归计。

杂乱谨录或可供参考。再祝

俪安

端木正 1992年2月10日

图2　端木正给弟子侯向京的信件

2006年11月27日，端木正偕夫人姜凝离京抵穗，返回中山大学居所。28日凌晨3时许，突发心脏病，安详辞世，享年87岁。

2007年7月15日，端木正铜铸雕像在中山大学马岗顶端木正故居的小路旁落成揭幕，《端木正自选集》也同时首发，150余人参加了仪式。该铜像由端木正的众多弟子倡议、捐助，由著名雕刻家梁明诚制作。

2010年10月，姜凝女士在端木正藏书捐赠仪式上说，早在2005年以前，端木正就多次提过要亲自把藏书捐赠给中山大学，还多次前往图书馆参观。2010年5月，全家人翻箱倒柜地整理出端木正一生最爱的书籍，大部分是与专业相关的图书，包括历史学、政治学、法学等方面的藏书。在端木正诞辰90周年之际，这位"教书匠"终于实现了他的遗愿，把终生相伴、终身为友的5000多册藏书捐赠给他执教55年的中山大学。

雕塑档案

雕像基座正面文字

端木正雕像铭

端木正，字昭定，号翼天，生于1920年7月17日，安徽省安庆市人，回族。曾先后获武汉大学政治系学士、清华大学国际法学硕士、法国巴黎大学法学博士等学位。1951年先生自法国归来报效祖国，受聘于岭南大学，复服务于中山大学，先后为历史学系、法律学系教授。康乐园遂成其一生安身立命之所，凡五十五年。先生学问淹博，卓然名家；植节立行，仪行师表。半个世纪，春风桃李，润物化雨，有口皆碑。年至花甲，荣聘为香港特别行政区基本法起草委员会委员。年进古稀，出任最高人民法院副院长、海牙国际仲裁法院仲裁员。耄耋之年，仍以教书育人为任，不辞劳苦，每岁奔走于京穗两地，感人至深。先生辞世于2006年11月28日，终年八十有六。其弟子有感于先生陶冶煦育之德，得学校鼎力支持，共襄铸像，永志其思。以铭记师恩，藉以传扬师道之高远深长，亦遂先生与康乐学子朝暮相伴之心愿。

像成，是为铭。

雕像基座背面文字

雕像由以下法律系同学捐赠敬立：

吴明场	赵晓雁	颜湘蓉	曾报春	黄　瑶	林博也
钟穗娟	曹思涛	谢如东	杨长缨	谢晓东	吴楚婉
叶迅生	马　力	章冬鸣	林亚波	伍穗生	谢俊林
王建民	梁治烈	邢建东	吴清发	腾　华	袁古洁
曾繁龙	陈明勉	覃永德	刘盖丘	文淑芬	陈滨生
胡铁军	黄小陶	韦华腾	许慧敏	陈仲球	梁　颖
陈世幸	罗剑雯	梁晓青	雷　岚	孙圣中	

塑像：梁明诚教授

人物档案

端木正（1920—2006），回族，法国巴黎大学法学博士。长期从事法学、历史学、政治学的教学和研究，历任岭南大学历史政治学系副教授兼代系主任，中山大学政法学系、历史学系副教授。复办中山大学法律系，任教授并出任系主任。创办中山大学法学研究所，任所长，培养研究生30多名。任全国自学高考法律专业委员会副主任，香港特别行政区基本法起草委员会委员，最高人民法院副院长、审判委员会委员、最高人民法院咨询委员会副主任，荷兰海牙国际常设仲裁法院仲裁员。曾任中国国际法学会副会长、顾问，中国法国史研究会副会长、名誉会长等职。著作18部，专著《法国史研究文选》，译著《法国革命1789—1799》《拿破仑时代》，主编中国第一部法国史工具书《法国大革命史辞典》。

愈经霜雪愈精神的教育家邹鲁

苏幼真

> **人物格言**

蓝缕筚路启山林，寸寸山林尽化金。树木树人兼树谷，规模远托百年心。

——邹鲁

> **人物风采**

在中山大学广州校区南校园图书馆的五楼南区，邹鲁铜像矗立在邹鲁校长纪念室的正前方，铜像刻画的人物微仰着头，目光坚毅，神情凝重，洋溢着果敢、坚韧、阳刚的气质（图1）。邹鲁作为中山大学首任校长，受命于孙中山先生，筹备、创办中山大学。1932年他再度执掌中山大学，制定、实施了3期6年的石牌新校建设，为中山大学的发展作出卓越贡献。

邹鲁的自我评价是，尽管将生命中的大半时间给了革命，然而，自己一辈子最成功的是建设和发展中山大学。

1923年11月27日，孙中山令邹鲁兼任国立广东高等师范学校（以下简称"高师"）校长。之前，孙邹二人有过沟通。孙中山对邹鲁说："你办教育，是很有经验的。历来你对我说话，常注意到青年，而且谈到教育问题，见解都很对，现在广东的教育不但濒于破产，而且未能接受本党主义。还是你出来担任改进罢。"邹鲁说："我离开教育

图1 邹鲁雕塑

界,已经有许多年了,恐怕不能胜任。"孙中山说:"我已经决定了,希望你积极去做。"郑彦棻回忆邹鲁在高师时的情形:"他(邹鲁)总是一大清早就起来在大操场上作骑马运动,随后即到各处巡视,对一切校务,都非常认真,尤其是对学校经费的筹措,更是努力。至于其他各项兴革,他也尽力推动。他对比较优秀的学生,特别重视,经常约我们谈谈,介绍我们看有系统的书籍,还请了很多有名的学者到我们学校来作专题演讲。"高师很快焕发生机。

鉴于邹鲁在短时间内让高师大有起色,1924年2月4日,孙中山发布大元帅令,着将国立广东高等师范学校、广东法科大学、广东农业专门学校合并,改为国立广东大学;任命邹鲁为国立广东大学筹备主任。1925年8月,广东公立医科大学(校址在中山二路74号今中山大学广州校区北校园)并入国立广东大学。

1926年8月17日,为纪念创办人孙中山,国立广东大学改名为国立中山大学。

1932年2月,邹鲁第二次执掌中山大学,完成中山先生遗愿,启动国立中山大学石牌新校建设。为使工程如期进行，邹鲁四处奔波，绞尽脑汁，其艰苦用力，实在超乎想象。邹鲁在回顾录里写道："我曾对学生说，为了筹款，除没有叫人爸爸和向人叩头外，可说一切都已做到。这并非戏言，而是实在的情形。"邹鲁赋诗以寄心声："蓝缕筚路启山林，寸寸山林尽化金。树木树人兼树谷，规模远托百年心。"

时间	星期	一	二	三	四	五	六
上午	八時至九時	醫學院中小學紀念周	處理函電	處理函電	處理函電	處理函電	處理函電
	九時至十時	執行部會議	政委會會議	授課接見教	授課接見教	授課接見教	授課接見教
	十一時至十二時	執行部會議	政委會會議	接見來賓	接見來賓	接見來賓	接見來賓
下午	十二時半至一時半	與院部所長聚餐	午餐在政委會	與教職員聚餐	與教職員聚餐	與教職員聚餐	與教職員聚餐
	一時半至二時半	文法理工農紀念周	在政委會會議	批閱文件	批閱文件	批閱文件	批閱文件
	二時半至三時半	在辦公廳辦公	在辦公廳辦公	在辦公廳辦公	在辦公廳辦公	在辦公廳辦公	辦公
	三時半至四時半	接見學生	接見學生	接見學生	接見學生	接見學生	開學術政治討論會
	四時半至五時半	與教職員商特種事件	與教職員商特種事件	與教職員商特種事件	與教職員商特種事件	與教職員商特種事件	開學術政治討論會

一、教職員雖在批閱文件及辦公時間，仍可隨時接見。
二、學生來見，則須書明某學院某系某年級便得。
三、來賓先至接待室，由秘書先行接待，以便按次接見。

图2 校长办公及会客时间

邹鲁对中山大学的投入程度，可以从1935年10月22日《国立中山大学日报》第一版刊登的《校长办公及会客时间》得以充分展现（图2）。邹鲁每天的日程都非常清楚，每周6天，分成48个单位时间，其中，有1/3的时间在处理函电、批公文、办公、见来宾等；有1/4的时间与教职员互动，午餐与教学科研单位领导或者教职员在一起；有近1/8的时间见学生；每周固定两次学术政治讨论会议。这样将自己的时间安排公布在校报上，并对中山大学如此投入，属实罕见。

1935年9月，在不到20天时间内，邹鲁给新生做了8次循序渐进的训词，在历任校长中是绝无仅有的。计有《大学生与中学生》（9月1日）、《学生与学校》（9月10日）、《学生与社会》（9月11日）、《学生与国家》（9月13日）、《研究学问的精神》（9月14日）、《团体生活》（9月16日）、《我的读书与处世》（9月17日）、《中山大学的使命》（9月18日）等。其内容涉及从中学生到大学生的身份转变、学习方法的区别，大学生与学校、社会、国家的关系，"大学生应该明了读书的使命，是在于寻求切实有用的学问，来挽救国家和报答国家的栽培之德，并不能专读死书，应该切实的参加实际工作，用现实生活来证实书本的理论，从实践中去获得切实的真知，这样才能谈得上救国"；在研究学问的精神方面，先讲了"公而忘私、不计成败"的做人学问，"大学要注意理论与实践相互贯串，必须将理论与实际，联结起来，在理论方面去认识实际而更须在实际方面去反证理论，贯串到事实，就需要深切的研究"。

此前，1935年7月8日，邹鲁勉励中山大学的毕业生必须到民间去改造社会。他说："我有二义以告诸君：第一，要晓得若日本的侵略不设法打倒，则我们不能救国家，救民族，救社会，救人群，更不能谋个人出路。第二，不能贪在都市图食现成饭。……我们本着所学提起创造精神，到乡村去领导乡人，如何办乡村教育，如何创办乡村工业，如何设乡村保甲，更如何改良乡村农业。"

邹鲁再掌中山大学时,注重学校的精神打造。在提到学生求学精神时,他勉励学生救国须先自救:"自救之道,欲其认清学生地位至高:须顶天立地,须旋乾转坤。目前危急存亡之中国,非我学生负责不能救。""关于推宏造就方面者,为:(子)增设农业专修科,定两年毕业,所以多量造就农业人材;(丑)增开土木工程学系,与化学工程系之班级,所以多量造就工业建设人材;(寅)附属高中初中各增开华侨补习班,附属小学增开各年级计九班,所以求中等初等教育之普及;(卯)筹办救护人员养成所,定三个月毕业,以为北上赴前线救护抗日伤兵之效力。"

邹鲁在任期间重视体育。"学生体育之努力。中大于民国十三年兄弟任内,曾开第一次运动会,迄今九年,本年一月初旬开第二次运动会,学生参加竞技者凡五百余人。其中成绩较前确见进步,计有打破全省全国纪录者多项。而近来于运动上各生致力体育练习者,更渐呈紧张,且有普及化之象。"

学校统一组织抗日力量。"抗日会之新组织。中大现为集中全校员生工警之抗日力量起见,特改组向时反日会而为抗日会,依据总理之直接民权行使法,新订会章,全校分教职员区,学生区,工警区。而教职员区与学生员区又分若干分区。由分区选出代表若干人,联合而选出区代表若干人,以组织成立此抗日会执行委员会。而校长则为全会之监察。全校员生工警则得以行使其选举、罢免、创制、复决之权焉。"

邹鲁重视"增聘好教授和促进教授与学校间的关系。对于聘请好教授,我向来就非常注意,而自主持中大后,每届秋季,必依学校的需要,多方罗致。因此广州虽然不是全国文化最集中的地点,同时中大的待遇比较起来不能说是很优渥的,但是各院系都有杰出的教授。我对于教授,不论他们什么时候来看我。我必随时接见,而他们所贡献的意见,莫不虚心采纳。他们和学生接触较多,知道学生的需

要应当较切；尊重他们的意见，非特对于校内教育得益不少，就是其他的一切，都有极大的裨益。然而我觉得教授和学校之间的关系，只是这样，还不能做到我所期望的地步。所以我除规定的例会和他们商榷外，还于每日中午，分别约请各院系的教授聚餐。这样，一方面可进一步认识各位教授，另一方面得彻底明了各院系的详情，并悉各学科的最新知识。现在回想起来，不说别的，就是我个人在这种叙会中所得到的益处，也已经不少。那时全校大约有三十余系，每天中午请一系的教授和副教授、讲师叙会一次，大约一个多月，才能够和各系的教授快谈一次，这显然不够。同时我觉得学术思想，进步惊人，政治形势，变化万端。于是我就定于每星期六下午举行学术政治讨论会，请全体教授参加。办法是一星期前，由我提出问题，除把这个问题通知全体教授外，还请和这问题有关系的学科方面的教授加以研究。"

2004年中山大学80周年校庆期间，邹鲁校长纪念室开放仪式和邹鲁铜像揭幕仪式在图书馆五楼举行，中山大学党委副书记、副校长李萍教授出席典礼并致辞。邹鲁子女邹永和邹方向中山大学捐赠了邹鲁的部分遗物，包括书画作品、照片、来往信札，以及邹鲁手书《国立中山大学新校舍记》《国立中山大学新校舍后记》碑帖原拓本两册。

人物档案

邹鲁（1885—1954），广东大埔人，原名邹澄生，字海滨，号澄庐主人，教育家。1924年任国立广东大学筹备主任，后任国立广东大学（中山大学前身）校长。1932年，邹鲁第二次出任国立中山大学校长，建设石牌新校、改革教育制度、发展研究事业。1933年，在出席世界大学会议期间,被海德堡大学授予法学荣誉博士学位。邹鲁著作等身,著有《抗建和平之我见》《二十九国游记》《中国国民党概史》《澄庐文集》《少年的回顾》《我对于教育之今昔意见》《邹鲁文存》以及《中国国民党史稿》(第1册组党、第2册宣传、第3册革命、第4册革命、第5册列传、第6册列传)、《回顾录》(4册)、《旧游新感》等。

校 歌

中山大学现在的校歌,是在中山大学首任校长邹鲁作词、陈洪作曲的基础上,保持原校歌的曲不变,对原歌词进行修改,即将"国父手创"改为"中山手创",将"三民主义"等四句改为"博学审问,慎思不罔,明辨笃行,为国栋梁",将歌词最后两句改为"振兴中华,永志勿忘"。1993年4月23日,学校第七次校务会议正式通过了这一校歌方案。

开辟教育新天地的教育家许崇清

张 凡

人物格言

用一个模型去塑造个个一式一样的人，使个人绝无一点希望得到个人自由的发展。这样的教育恰恰走着与全面发展人的教育正相反的方向。

——许崇清

人物风采

在中山大学广州校区南校园东北区317栋矗立着一尊雕像，双眼目视前方，宁静中彰显着肃穆。他就是曾三任中山大学校长的许崇清教授（图1）。

许崇清于清末出生在广州高第街，曾先后在广州西华二巷50号、文德东路5号、文德东路"唐庐"、中山大学东北区8号（今中山大学东北区317号）等处居住。许崇清8岁丧父，母亲抚养四男三女7个子女，生活艰难。12岁时，许崇清被送往湖北武昌教会学校念书，寄养在姑丈冯启钧家。

1905年，许崇清考取官费生，东渡日本留学，攻读哲学及教育学。期间，他曾于1911年回国参加孙中山领导的辛亥革命。之后，又回到日本继续读书，1920年学成回国，时年33岁。他在日本刻苦学习，精通日语、英语、德语。

图1 许崇清雕塑

在日本留学时，1917年9月，许崇清在《再批判蔡孑民先生信教自由会演说之订正文并质问蔡先生》一文中，在与蔡元培辩论的同时，最早向我国介绍了爱因斯坦于1905年发表的"相对论"。该文成为我国近代科学思想史上的重要文献。身为北京大学校长的蔡元培没有因为许崇清的质问而生气，反而赏识他，希望他能到北京大学任教。许崇清非常尊敬孙中山先生，1920年8月回国后，他先到上海拜见孙中山并告知："蔡元培先生要我到北京大学去教书。"孙中山说："你离开祖国多年了，初回来一切情况都不了解，我看你不必急于去北京，先在上海住下来看看，也是有好处的。"后来，许崇清回广州省亲，朱执信、廖仲恺要他留下参加革命工作，而且孙中山也有这个意思，于是，他便留在广州。

许崇清于1923年国共合作时，由廖仲恺介绍参加国民党，并由孙中山指派为中央执行委员会委员，参加国民党改组工作。1924年的《中国国民党第一次全国代表大会宣言》中的"教育"部分，他是起草人之一。

许崇清在《关于我的学术思想》里写道:"我在大学时,是由哲学而社会学,最后才走上教育这条路来的。我搞哲学时,搞的是新康德哲学;我搞社会学时,搞的是孔德社会学;我搞教育学时,搞的是赫尔巴特的教育学。总之,那一学科的主讲教授是哪一学派的,我跟着也搞哪一学派的东西。我走的门路越多,那些错杂在我的脑海里的学派的对立和矛盾,就越加使得我无从收拾。于是,我想独自创立一个新体系。我几乎走遍了唯心论各科形态的哲学的歧路,结局是摸上了唯物论的最高发展形态——辩证唯物论的道路。从那时(1919年)起,在马克思主义理论的基础上建立教育学的一个新体系就成了我的理想。"

许崇清与陈独秀组织广东革命政府全省教育委员会,推行教育改革,开始自己的教育工作之路。1921年,许崇清创办广州市民大学,当时报刊评论说:"此乃中国教育史上之创举。"1922年,廖仲恺赴日本与苏联代表越飞会谈。当时,廖仲恺的哥哥任北洋政府驻日本公使,会谈在廖仲恺哥哥的家里举行,廖仲恺以带侄女廖六薇与许崇清在日本办婚事为由,掩护会谈。

1924年,许崇清任广东省教育厅厅长。在任期间,他发起收回教会学校外国人管理权及禁止在学校内传教的运动,并席卷全国。1925年,许崇清在国共合作举办的干部学习班上,与毛泽东、恽代英、周恩来、萧楚女、彭湃等一起任教。他主讲"革命与教育"时,明确提出反帝反封建的教育任务,并强调教育对于改造旧社会和建设新中国的作用,阐明教育与革命实践、国家建设的关系。他主张教育要配合孙中山提倡的节制资本、平均地权、发展实业的政治路线,发展科学技术教育,实行学校社会化。

1931年,许崇清出任中山大学校长,在文学院增设社会学系,将理学院改为理工学院,增设土木工程和化学工程两系,还兴建新农学院校舍。"九一八事变"后，全国学生抗日运动兴起。12月，以中山大学学生为核心的广州学生举行了声势浩大的抗日爱国游行和请愿，全市实行罢读。12月中旬，许崇清被反动派以"控制不力"为由，免去校长职务。中山大学师生对此极为不满，校董会也表示要许留任。反动派无奈，下令在新校长未到任时，着许崇清暂行代理校长职务，维持校务。1932年2月，许崇清正式离任。

1934年，广东的最高统治者陈济棠计划在大、中、小学推行读经，向学生灌输封建思想。《孝经新诂》教本经西南政务委员会决定出版并交广东省政府办理，许崇清受命审查及拟具推行办法。他写成《孝经新诂教本审查意见书》，起草这份意见书时，考虑此事关系教育前途，在当时环境下又不便单刀直入地反对复古读经，于是用文言文来写，使意思较为含蓄。这份意见书由广东省政府转报西南政务委员会审核，使陈济棠极为难堪。1934年7月15日，意见书在香港《三民主义月刊》第四卷第一期全文公开发表。当刊物传到广州时，文化教育界人士争相阅读，奔走相告；许多学生也议论纷纷，表示不愿再上孝经课。陈济棠闻讯大怒，立即免去许崇清的广东省政府委员职务。许崇清便离开广东到浙江，从事学术研究。

1940年4月，许崇清被任命为中山大学代理校长，远赴云南澄江上任。当时的澄江经济落后，地方贫穷，条件艰苦，卫生条件差，农民家里，满地都是跳蚤，用手往身上一抓，都是虱子，瘟疫流行，非久留之地。除了经济、卫生原因，那时广东省省会设在韶关，粤北成为战时广东的后方，局势稍微安定后，广东教育界希望将中山大学迁回广东。许崇清非常支持这个想法，他去重庆教育部提出要求，时任部长陈立夫说没钱，拒绝了这个要求，中山大学回迁广东的事情被耽搁。不久，日本准备进攻越南，云南危急，蒋介石突然下令，留在云南的大学都要往内搬迁。中山大学正好碰上这个机会，申请迁回广东，教育部马上批准了，而且给了40万元经费。广东省也很支持，出了30万元的经费。回迁还得到驻扎在广东的第七战区及驻扎在广西的第四战区的司令长官的支持，出动运输部队帮忙。7月，在许崇清主持下，中山大学从云南迁回广东北部的乐昌坪石镇。坪石时期，中山大学学术思想很活跃。许崇清聘请洪深、李达、王亚南等一批进步学者到校任教，他本人亲自在研究院讲授辩证唯物论与历史唯物论。因此，许崇清被密告"引用异党，危害中大"。教育部部长陈立夫便于1941年7月免去许崇清代校长职务。

到1942年度，中山大学的学生总数由初迁云南澄江时的1736人激增到4197人。在坪石四年多的办学时间里，中山大学培养学子近2万人。

1948年，许崇清在中山大学教育研究所出版的《教育研究》上，发表了《人类底实践与教育底由来》。这篇论文是他长期以来对教育的本质进行深入研究的成果，发展了马克思主义教育哲学。

新中国成立后，在讨论中山大学校长人选时，数易其人，改为许崇清后，毛泽东主席才最终批准。1956年，许崇清以特邀代表身份出席了毛泽东主持召开的最高国务会议。会议开始前，出现了一段小插曲：毛泽东首先环视会场一周，然后问："都到齐了吗？"看看名单又问："请问许崇清先生到了吗？"许崇清答："到了。"毛泽东说："久闻大名。"许崇清说："不敢当，不敢当。"

1956年，在中山大学第三次科学讨论会上，许崇清作了《人的全面发展的教育任务》的报告。这篇报告以辩证唯物论观点深刻地阐明了"人的全面发展"的含义，分析批判了国内外有关这个问题的各种错误解释。这篇报告引起我国教育界的重视，被认为是新中国成立以来最有战斗性和科学性的教育论著，是许崇清晚年最成熟的一篇重要论著。

1988年1月，广东教育界和学术界举行纪念许崇清一百周年诞辰大会，会议认为许崇清是"新教育学和新中国高等教育的奠基人之一"。

人物档案

许崇清（1888—1969），广东番禺人，别号志澄。我国近现代教育家、教育哲学家。1905年赴日本留学，学习哲学和教育学，加入中国同盟会，1920年毕业于东京帝国大学研究部。1924年受孙中山指派，草拟《中国国民党第一次全国代表大会宣言》的"教育"部分，同年参与发起向教会学校"收回教育权"的运动。1923—1927年任广东省教育厅厅长，1931—1941年间两度出任中山大学校长，1946—1948年为中山大学、江苏社会教育学院教授。1951—1969年重掌中山大学。曾任第一至第三届全国人大代表、全国政协常委、广东省副省长等职。有《许崇清教育论文集》《许崇清文集》传世。

革命的教育家黄焕秋

苏幼真

人物格言

坚强的信念和历史责任感鼓励着我们艰苦奋斗,勇往直前,并凝成中大师生爱国、民主、团结的光荣传统。

——黄焕秋

人物风采

在中山大学广州校区南校园图书馆五楼,静静地矗立着老校长黄焕秋的铜像(图1),铜像目光如炬、笑容和煦,温暖了每一个望向他的人。他被中山大学的教职员亲切地唤作"焕秋同志"。

回忆起与黄焕秋老校长共事的岁月,中国行政学泰斗夏书章教授满怀深情地说:"焕秋同志一生为革命而从事教育,又为发展教育而改革创新,他是一名革命的教育家,也是一名教育的革命家。"

1933年秋,黄焕秋进入中山大学文学院教育系学习。大学期间,他负责班会学术部。在1936年的沉闷气氛下,他们出版了班刊《解放》,一共办了三期,一月一期,发行量有2000多份,同学投稿踊跃,很多文章是集体讨论的成果。这份刊物对改革教育、报道时事政治、宣传抗日民族统一战线,都起到了相当好的作用。

1941年夏天,许崇清被迫离开中山大学,回到战时广东省会韶关,继续主持第七战区编纂委员会的工作,黄焕秋跟随前往。许崇清

图 1 黄焕秋雕塑

主持出版的四份杂志:《新建设》《阵中文汇》《教育新时代》《学园》,当时被人们称为"浓黑中的几盏灯火"。黄焕秋负责《教育新时代》的编辑工作。这份杂志用新观点研究教育理论问题,给教育界带来了新思想。

20世纪50年代初,冯乃超先生任中山大学党委第一书记,黄焕秋任教务长。中山大学著名化学家徐贤恭先生因曾为当过国民党特务的亲戚提供住宿而遭到公安部门审查。审查行为让徐贤恭委屈而恼火,便一气之下离开中山大学到武汉大学任教。冯乃超和黄焕秋知道后,立即前往武汉大学,把徐贤恭请回中山大学。这件事被传为佳话。

由于1953年院系调整和"文革"十年浩劫,中山大学的办学力量被严重削弱,到1977年,只剩下数理化生地文史哲等为数不多的几个专业。黄焕秋力主复办或增设法律、经济、人类学、社会学、计算机等学科。那时，由于整个教育界盛行"重理工、轻人文"的风气，学校管理层的很多人认为没有必要复办人类学、社会学这些"没有用"的人文学科。但黄焕秋认为，中山大学作为一所综合性大学，必须始终坚持文理科全面发展。凭着"咬定青山不放松"的韧劲，他力排众议，顶住压力，终于把这些文科专业一个个复办起来。

说起管理专业的创办，曾任珠三角研究中心主任的李学柔不禁竖起大拇指："今天中大管院能在全国排名前列，焕秋同志有不可磨灭的功劳。"当时国内高校都没有设置管理专业，黄焕秋认为，中国一定要有自己的管理专业。于是，他一方面四处聘请专家，另一方面千方百计争取海外华侨的资金支持，为管理专业后来的蓬勃发展奠定了基础。可以说，今天的管理学院能在国内颇具影响力，离不开黄焕秋当年的见识和谋略。

看重能力和业务水平而非政治历史，是黄焕秋一贯的用人风格。在那个"以出身论英雄"的年代，黄焕秋能够顶住重重压力，不拘一格招人才，真正体现了他作为教育家的风范和能为他人所不敢为的魄力。十年"文革"，中山大学的外语老师几乎都流失到其他学校，除了公共外语，全校没有一个真正的外语专业。浩劫过后，黄焕秋等校领导与广东外语学院谈判，但费尽口舌，只为每个专业要回了两名老师。经过几番周折，他们终于打听到珠江电影制片厂有一位关先生精通日语，但彼时的关先生因"文革"受过审查，没被重用，只是一名闲散职员。同时，黄焕秋还找到一位潘老师，她是中日混血儿，日语口语很好，但是没有大学学历。面对这两位"奇人异士"，黄焕秋不介意他们的政治历史，不计较他们的学历高低，秉持着"英雄不问出处，是人才就要重用"的原则，不顾众人反对，坚持把两人招进中山大学任教。后来，两人都成长为日语系的骨干教师。

汉语培训中心的张维耿教授说："改革开放后，黄焕秋同志调回中山大学担任校长，提出要成立两个中心：一个是英语培训中心，一个是汉语培训中心。英语培训中心培训本国出国人员的英语技能，汉语培训中心培训外国留学生的汉语技能。焕秋同志指派教务处的扬伊白同志与中文系领导筹划成立汉语培训中心事宜。1981年7月，中山大学汉语培训中心正式成立，附在中文系，高华年教授担任主任，我担任副主任。1982年2月，我到南京出席教育部召开的全国文科、艺术、体育院校留学生教育工作经验交流会，报到时在出席单位一栏填上中山大学汉语培训中心。与会代表感到有些奇怪：为什么汉语培训的中心在你们中大呢？我说：'中心'是英语center的意译，相当于'单位''机构'的意思。没想到时隔几年，兄弟院校都先后用开了'汉语中心''对外汉语教学中心''国际交流中心'这一类名称。可见焕秋同志领对外开放潮流之先，在为单位起名上颇有前瞻性。

"经过20多年的发展，中山大学汉语培训中心的名称已经先后改为对外汉语教学中心、国际交流学院，再改成现在的国际汉语学院，办成了拥有完整系列对外汉语教师队伍，与国外多所院校建立交流关系，招收博士和硕士学位研究生、本科生和进修生约800人规模的教学单位。"

1979年，黄焕秋先后以两大壮举，带领中山大学开全国高校先河。那年2月18日至3月5日，作为改革开放后内地第一个访港的高校教师代表团，黄焕秋率领中山大学教师代表团12人应邀访问了香港大学、香港中文大学和香港理工学院三所院校。4月21日至5月17日，时任中山大学党委书记的黄焕秋和校长李嘉人再次率团前往美国高校和研究机构访问交流，这是改革开放后内地第一个出国访问的高校学术代表团。在他的领导下，中山大学还与日本、法国、澳大利亚、加拿大等国的名校建立了合作交流关系，对外学术交流局面得以不断开拓。

黄焕秋重视学生的科研活动。他主导把领导科学小组的工作列

入教研组的计划中,加强对指导教师的集体帮助,指导教师则定期向教研组汇报工作情况。他要求科学小组必须订出切实可行的计划;开展科学研究活动的条件不能要求太高,应该大大发挥现有的物质设备的潜力;要规定一定的活动时间,这样可以保证科学活动能定期经常进行,又不致影响正课;必须保证每个科学小组成员能完成学习任务。在开展科学研究活动的过程中,他注意思想品质的教育工作,发挥大家的主动性和积极性,展开不同意见的自由讨论。活动方式不要呆板,要注意生动活泼。他加强教学改革,通过各个教学环节和大力开展科学小组的活动,努力提高同学独立工作的能力。

"焕秋同志"是广大教工对老校长的亲切称呼,大家都喜欢找他谈工作、谈思想,提意见、提建议,倾诉苦衷、请求帮助,无论在办公室、家里或路上,经常可以看到教师同黄焕秋倾谈。黄焕秋性格开朗,待人随和,与人平等相处,所以无论在职时或离休后都始终保持同群众亲密接触,老教师都特别乐意同他谈心,这在校领导中是不多见的。

黄焕秋的一生与中山大学紧密相连,从学习到工作,跨越了半个世纪。这50年间,他带领中山大学度过艰难时期,使开明自由的学术精神得以薪火相传。在担任领导期间,他为中山大学的发展写下辉煌的一页,也开启了中山大学对外交流、走向世界之路。2012年9月24日上午,《黄焕秋文集》首发式暨黄焕秋铜像揭幕仪式举行,校党委书记郑德涛、校长许宁生院士先后致辞。

人物档案

黄焕秋(1916—2010),广东惠州人,教育家。1933年9月,入中山大学文学院教育系就读。1935年12月,加入中国共产党外围组织"突进社",同时参加中山大学乡村服务实验区的民众教育工作。1937年加入中国共产党。大学毕业后,在罗定和韶关从事农村教育工作。1945年回到广州,从事文教工作。1946年6月到香港参与筹办达德学院,承担教务和党建工作,历任副教授、教授兼注册组主任。1953年起,历任中山大学教务长、党委副书记、副校长、校长、党委书记、顾问、中山大学校友会会长、中山大学校友总会名誉会长等职。1991年2月28日,筹办成立中山大学珠江三角洲经济发展与管理研究中心,任主任和顾问。1998年,荣获霍英东成就奖。有《黄焕秋文集》传世。

弱冠成名的学者——商承祚

黄佰全

人物格言

不识之字不妄释,不明之义不妄言,不轻言音韵,特别通转旁转之类,不引用二手材料,必查对原文,以免失实及断章取义,不为天下先,减少逸足。所以每有新资料出土,发表的文章往往在最后。

——商承祚

人物风采

在中山大学广州校区南校园图书馆四楼特藏馆浩如烟海的藏书里,一尊雕塑毫无违和感地矗立于其中,与藏书相伴。雕塑上的老人面目和蔼,鼻梁上架着一副眼镜,透过眼镜的是他炯炯有神的眼睛(图1)。他,就是我国甲骨文研究的泰斗,中国著名的古文字学家、金石篆刻家、书法家,中山大学教授商承祚先生。

商承祚,字锡永,号驽刚、蠖公、契斋,生于书香门第,幼承家学。父亲商衍鎏是清朝最后一位探花,对幼年商承祚的影响极大。商承祚在父亲伯叔的教导下学习四书五经,他的文学基础,大概就是在那时候的"子云"喃喃诵读声中慢慢形成的。

商承祚对于古文古物有着与生俱来的喜欢。八九岁时,对于古文古物就已经痴迷到"连走路都要低头搜寻古迹"的地步。哥哥商承祖曾说,弟弟在很小的时候,就时常将早餐的钱省下来到地摊上购买

图1 商承祚雕塑

古字古画,并以此为乐。

  父亲商衍鎏曾一度让德国留学归来的兄长教商承祚德语,但学了几个月时间,没有任何进展。商衍鎏说:"学外文不成,那就学中国文学吧,日后小成,还可谋得秘书之职以糊口,大成做个名学者。"商承祚坦白,自己真正喜欢的是研究古文字而非外语。商衍鎏教导儿子:"你学这行是找不到饭吃的,只能做个名士。名士也要生活啊。但你既决意走此路,是你的志愿,我有什么话说呢?"商衍鎏的语重心长、推心置腹也未能动摇商承祚在古文字研究上的浓厚兴趣。

  通过父亲的文人圈子,商承祚前往天津拜罗振玉为师。这是商承祚人生中重要的一个转折点。师从罗振玉期间,商承祚在古文字研究方面突飞猛进。

  商承祚对于古文字的研究和学习孜孜不倦,他在学习古文字时,先古后今,先难后易,旨在能对古文字有更深一步的理解。他对于罗振玉的《殷墟书契考释》有着自己的体会,认为其文字归纳不便于文字的查找和阅读。他依照许慎《说文解字》一书的部首，按照自己的理解和思路，重新对甲骨文进行分类。

  商承祚没有因这份庞大的工作感到艰辛，相反，他沉迷于其中，乐此不疲。每晚九点起，他就开始工作。漫漫长夜，别人都在梦乡安寝，商承祚在灯光的陪伴下，完成他一个又一个字体的编次工作，直到鸡鸣始息。第二年，他终于完成了人生中第一本著作《殷墟文字类编》，是中国第一部比较完备的甲骨文字典。罗振玉看到他的作品后大为惊叹："如锡永此书，可以传世矣。"罗振玉欣慰自己后继有人，对商承祚勉励有加。王国维也对商承祚予以高度的评价，并为这本书写序。王国维写道："他日所得，必将有进于是编者，余虽不敏，犹将濡毫而序之。"暑假回家，商承祚将书稿给父亲阅览，商衍鎏对自己的儿子大加赞赏，出资将这本书印版。弱冠之年，商承祚铸就如此大作，在学林声名鹊起。1927年，25岁的商承祚受聘为国立中山大学教授，是中山大学历史上最年轻的教授之一。

  早年就成名成家的商承祚，却没有半分傲娇之气。他说："我既非科班出身，又无任何学术头衔，是一个白丁。"商承祚的治学之道，既承袭罗师的精粹，也有自己独特的见解。他认为，对于古文字的研究，不能自负自傲，也不能凭空猜测，对古文字，要从事实出发，要秉着务实的心态。学术无尽，学海无边，对于某些古文字，不认真推敲，就很难有确凿深刻的认识。商承祚对此作出很好的榜样。治学一向以严谨著称的他，收集古文物材料时，都会亲自辨别真伪；对于临摹拓印或者照相等工作，非到了不得已的地步，商承祚都是要躬身动手才安心。他在治学方面有一原则："不识之字不妄释，不明之义不妄言，不轻言音韵，特别通转旁转之类，不引用二手材料，必查对原文，以免失实及断章取义，不为天下先，减少逸足。"

  商承祚的治学之道不仅仅体现在自身修养上，还体现在他教导弟子的方法上。从1956年起，商承祚和容庚便开始招收弟子，一共招收了十几名学生,以研究古文字为主。商承祚教导弟子的方法与现在大学的教学方法大不相同,不要求学生修什么课程、修满多少学分,而是有一套独特的教学之道。商承祚的学生处于一种自由学习的教学模式之中。商承祚不开课、不考试,但是却很喜欢也很注重和学生的谈话、聊天,在聊天中解惑答疑;商承祚也不会要求学生有什么精彩的论文、比赛得奖等表现,而是始终坚持在自由中让学生学得知识。商承祚不会要求弟子研读他的书籍。他主张学生们要重视基础,实事求是,对古文字的研究要务实;鼓励弟子去研读王国维、郭沫若等学者的著作,从中领悟自己的治学之道。

作为著名的书法家,商承祚同样有着自己独特的书法之道。商承祚从小就喜欢书法艺术,对篆书尤为钟情。师从罗振玉后,对其书法尤为向往,并且得到罗师的指点。罗振玉也对商承祚的甲骨文和金文书法赞赏有加。商承祚认为,书法艺术,最重要的是要练好基本功,想要练好书法是没有捷径的。商承祚喜欢行笔刚劲浑厚、端庄平正的书法艺术,字形力求工整,对于花哨过度的书法则不以为然。商承祚对于学书法之方也有自己的独特领悟。他认为,唐代名家中,欧阳询和褚遂良的书法清秀,适宜写小楷但不适合写大字;柳公权的字露骨太多;颜真卿的字是最为全能的,写大字小字都是适宜的。而学习写书法,要先从楷字入门,再写行、草,从中探索书法之道。在临摹字体上,要做到"有我"和"无我"两种境界的结合,才能对书法有所领悟。商承祚认为练书法要多阅览古人的佳作,多读书,从中增加自己的书卷气,以提高自己书法的意蕴。

曾经有这样一件趣事。一次,在中日书法交流会上,有一日本人认为中国的领导不重视书法这门艺术,书法艺术在中国逐渐衰落,中国人迟早会向日本人请教书法的。商承祚听到这话很不舒服。交流结束后,他物色了两名七八岁的孩子,一男一女,教导他们书法。在不久之后的日本书道会上,这两个孩子都能写出刚劲秀丽的大字。

商承祚反问日本交流者在日本有没有如此幼小却能写出这般雅致大字的人,日本交流者无言以对。

中山大学广州校区南校园中区的不少建筑由名人题写建筑牌匾,其中,多数由商承祚题字,如梁銶琚堂、怀士堂、张弼士堂、陈嘉庚纪念堂、哲生堂、惺亭、英东体育馆等。这些建筑匾额,营造了一个行笔刚劲浑厚、端庄平正的书法名作园区,徜徉其间,让人沉浸于书法艺术氛围。学术严谨、书艺雅致,一代学人的风范,就在这样的氛围中潜移默化,自然传承。

2002年,商承祚百年诞辰,中山大学举办了商承祚教授藏书捐赠仪式,在南校园图书馆四楼特藏部,设立"商衍鎏探花、商承祚教授藏书纪念室",收藏了商衍鎏、商承祚父子二人生前阅读珍藏的珍贵书籍4200余册,让有志于文字研究的后学,恒久获益。

人物档案

商承祚(1902—1991),广东番禺人。是我国著名的古文字学家、书法家、考古学家、金石篆刻家,楚文化考古的鼻祖。出身于书香门第,早年师从罗振玉研究古文字。1927年起任中山大学教授,为中山大学的古文字研究作出了重大贡献。代表作有《殷墟文字类编》《殷契佚存》《十二家吉金图录》《长沙古物见闻记》《石刻篆文编》《说文中之古文考》《先秦货币文编》《战国楚竹简汇编》《长沙出土楚漆图录》《商承祚篆隶册》。

著名史学家金应熙

王惟鼎

> 人物格言

治史之要旨，不徒在事实之考证，事实间关系之理解，尤不可忽。
——金应熙

> 人物风采

中山大学广州校区南校园图书馆四楼特藏馆，有这样一尊人物雕塑（图1），他脸庞显得瘦而干练，昂首平视，面带微笑。"话音带沙，伴有手势，话语轻和，经常点头；为人谦恭，从不卖弄。"这是他给学生的印象。他是学术研究的多面手，文、史、哲、政、经皆有涉猎，尤以治史见长。他就是陈寅恪三大弟子之一、著名的历史学家金应熙教授。

金应熙1919年出生于广州。父亲金章二在20世纪20年代担任过广州市市长。从15岁到22岁，金应熙先后就读于香港英皇书院、香港大学等学校；大学获得奖学金，免费就读于香港大学文史学系，是一个名副其实的"港产"学者。在香港大学期间，金应熙的主要学习方向是中国近代史、魏晋南北朝史和隋唐史等。他记忆力强、语言天赋高，掌握英文、俄语、日语、西班牙语、梵文。金应熙有幸受业于陈寅恪、许地山两位大家。由于年纪轻轻就对史学展现出非凡的才华，两位大师也非常欣赏和器重他。当时担任香港大学文史学系

图1 金应熙雕塑

主任的许地山不仅是发现金应熙这匹"千里马"的"伯乐",甚至还特意预拨出一笔钱款,言明是留给金应熙出国学习之用。

1941年,香港沦陷,金应熙辗转去往澳门。经友人介绍,他在澳门《华侨报》从事译电工作,兼为专栏"星期论坛"写作。日本投降后,金应熙返回广州,先后在岭南大学附属中学和岭南大学历史政治系任教,是当时岭南大学最年轻的讲师。金应熙在岭南大学多次演讲,紧贴时局观点与学术见解,被岭大学子敬称为"金夫子"。新中国成立后,他曾在广州市委宣传部工作。1952年,全国高校院系调整。是年底,金应熙开始在中山大学任教,历任历史系副教授、教授和系副主任、系主任等职。

金应熙的史学研究注重广泛搜集、发掘正史、实录、政书、文集、总集、方志以及考古资料和当代学者野外调查资料,综合运用历史学、军事学、文化学和比较研究的方法，在掌握了充分的、可靠的史实的情况下，突破前人成说，提出新见。

金应熙熟练掌握多门外语，能无障碍研读国外的中国史研究文献。他通读数量浩瀚的国外学者研究中国史的论著，写下了数百万字的读书笔记。1980—1981年，他受教育部委派到墨西哥学院任教，教授中国史。这一年，他阅读外文文献和总结国外中国史研究成果的思考尤多。他曾为研究生讲授"国外学者对中国古代史的研究"课程，后来出版了《国外关于中国古代史的研究述评》一书。金应熙把国外历史学家研究中国古代史的成果和特点概括为："运用多学科综合研究之方法，将社会科学诸学科如经济学、社会学、人类学、民俗学、心理学等学科的研究方法引进到中国古代史的研究中去，从而收到了拓展新领域或提出新见解的效果。"

当年的中山大学历史系的学生曾回忆金应熙的一件轶事：有一次，学校派车送金应熙去城里开会。恰逢司机是新来的，不太认识路，而金应熙上车后，就只顾埋头痴读。途中，司机曾多次回头询问金应熙是否继续前行，而读得正酣的金应熙只是似是而非地作点头状——问了一路，"点"了一路。司机自有不悦，但又不好发作，于是只得将车子又开回了学校。金应熙下得车来，乃知不知不觉间已经无功而返。眼看着已经到了午饭点，学生成群结队地往饭堂走去，金应熙对司机说："看来今天是去不成了，你的任务也完成了。回家吧！"

在中山大学任教的最后几年，金应熙曾一度被借调到北京，从事中俄关系史的研究。1978年，暨南大学复办后，他又兼任了暨南大学的历史系主任。两年后，广东省社会科学院成立，金应熙担任副院长。1987年底，他赴香港从事香港史的研究。

金应熙的学生这样描述老师：对于学生晚辈，金应熙既一丝不苟、严格要求，又循循善诱、诲人不倦。他还曾帮助他人修改、校订

了大量的书文、译稿。这种甘为人梯的精神,不能不令人肃然起敬。中山大学哲学系李锦全教授在《学习金应熙师的治学精神》一文中写道:"金师,这是我们同辈对金应熙教授日常的亲切称呼。我们都这样叫他,不是一般性的礼貌,而确是发自内心的尊敬。""金师不但自己写东西时一丝不苟,即使对别人提点意见也绝不马虎从事。如我在1956年曾写过一篇古史辨派疑古论的文章,金师的审稿意见就写了一大张,除对文章的评价讲得比较具体外,特别对如何修改,连细节都谈到了。"

金应熙为学术研究,尤其是为广东的史学研究和史学人才培养无私地奉献出了自己的一生。学术界评价他治学的特点是"学兼中外,博古通今","具有开阔的学术视野"。在金应熙一生的学术道路中,中国古代史之地位实为主要。

金应熙的老师之一许地山对于新文学、宗教史和民俗学等方面均有深入的研究,他教导学生治史务求真、务锲而不舍,去考证"偏僻不甚为人所知"的史实。而另一位老师陈寅恪主要研究本国和域外的文字史料,采用西方近代学者所注重的语源学、比较研究、民族—文化关系、因果关系等治学观念和方法,通过钩稽阐释史料,从比较和联系中探求一段时期的历史全貌。金应熙可谓是博采众长,尤其是与陈寅恪相处的时间更久,所以对于其学说的体会更深。金应熙曾在为《唐代政治史述论稿》撰写的书评中写道:"治史之要旨,不徒在事实之考证,事实间关系之理解,尤不可忽。"有如此的灼见,无怪乎陈寅恪称之为"最了解我学术的人"!

金应熙运用马克思主义的唯物史观来研究历史,主张总结历史经验,探索历史发展规律,寻求历史的真谛;一再强调以"各族人民共同创造祖国历史"作为研究历史和撰写史书的指导思想;他指出,不论是少数民族英雄还是少数民族王朝,对封建社会时期中国的统一以及封建化的进程都起到了积极而不可忽视的作用。这些论述客观上促进了民族团结，也给予历史研究者以深刻启迪。

金应熙爱好广泛，喜欢诗词和足球，但是其尤为痴恋的，是中国象棋。他熟读象棋的"兵书"——棋谱，并且不懈搜罗，古今并集，往往有第一手的最新资料，甚至表示希望有生之年撰写一本《中国象棋史》。而且，每逢盛大的象棋比赛，金应熙一般都会出席。1939年，"六王夺鼎赛"在香港文园酒家举行。期间，金应熙都是文园的座上客；偶有缺场，亦必补录。而且在棋局里，没有师生，只有棋友。金应熙的学生梁羽生曾夺得岭南大学象棋冠军，兴奋之余，填了一首《鹧鸪天》以寄他制胜所用的"后手屏风马"，在校刊上发表。金应熙看了，便与他战了一盘，以平局收场，二人也自此结下"棋缘"。20世纪50年代，金应熙在中山大学历史系任教期间，经常到广州文化公园观摩棋手表演或应众比赛。偶逢游人太多，没了"座位"，金应熙便蹲在前面的空地上；乏了，索性就席地而坐。冒雨观战，就是家常便饭；淋成"落汤鸡"，也毫不在意。一次，他与戴裔煊教授晚归，校门已有"铁将军"把守。于是两人便直接谈兵于"楚河汉界"，直到天亮。

在金应熙辞世十五周年之际，中山大学、广东历史学会等单位于2006年6月24日在广州联合举办金应熙教授藏书捐赠暨史学论文集首发仪式。中山大学图书馆开辟金应熙教授藏书纪念室，收藏、开放金应熙教授藏书。后学评价他：亦师亦兄亦友；重学重德重情。

| 人物
| 档案

金应熙（1919—1991），广州市人。著名史学家。曾任中山大学、暨南大学历史系教授、系主任及广东省社会科学院副院长、研究员。长期从事教学和科研工作，在中国古代史、中国近现代史、职工运动

史、东南亚史、思想史、香港史等领域的研究中，均有较高学术成就。著有《香港史话》《金应熙香港今昔谈》《菲律宾史》《金应熙史学论文集·近现代史卷》《金应熙史学论文集·世界史卷》《金应熙教授中国古代史研究论文集》《国外关于中国古代史的研究述评》等。曾任中国史学会理事、广东省历史学会会长等。

著名考古学家安志敏

王惟鼎

> **人物格言**

在研究中从第一手资料出发,从大处着眼,小处着手,言之有物,不尚空谈。

——安志敏

> **人物风采**

在中山大学广州校区南校园图书馆四楼的特藏馆安志敏教授纪念室,矗立着安志敏先生的雕塑(图1)。雕塑勾勒的安志敏面容慈祥、微微颔首,高高的鼻梁上架着一副眼镜,眼神专注,若有所思。

安志敏教授纪念室的设立是中山大学83周年校庆系列活动之一。2007年11月16日上午,在中山大学图书馆举行"安志敏教授藏书捐赠仪式"和"安志敏教授纪念室揭匾仪式",其家属将安志敏珍藏的6809册图书文献全部捐献给中山大学图书馆。安志敏是我国杰出的考古学家,一生积累了系统而丰富的中、英、日、法、德、俄、朝鲜文考古学术文献,其中的外文东亚考古文献弥足珍贵。安志敏教授纪念室是中山大学第一个校外著名专家学者的纪念室。安志敏与中山大学的学术交流和友谊极其深厚,其藏书能够从北京南下广州,藏于中山大学图书馆,得益于中山大学人类学系商志䉤教授的辛勤工作。2006年,年逾古稀的商志䉤教授不辞辛苦地多次往返于北京、

图1　安志敏雕塑

广州之间，联系、落实安志敏藏书捐赠的各项具体事宜。安志敏的亲属决定其藏书全数赠予中山大学，这不仅是来自安志敏珍贵的学术馈赠，也是对其学术遗产的最好承继。

安志敏在高中读书期间，一个偶然的机会，对考古学产生了兴趣。他曾以梁启超《中国考古学之过去及将来》一文为蓝本，试作了有关中国考古学的讲演，得到校方的好评，从此便在考古领域一生孜孜以求。

大学期间，安志敏就已经开始撰写论文了。1945年，他就在《天津国民日报》的《史地》副刊上发表论文《爵形原始及其演变》。1948年，安志敏从中国大学史学系毕业，在燕京大学历史系任助教。1949年2月，他代裴文中讲授"史前考古学"；9月入北京大学史学研究所考古组读研究生，师从裴文中、梁思永、夏鼐等考古名家。1950年9月起在中国科学院考古研究所（后改属中国社会科学院）工作。安志敏担任过许多重要的职务，他曾是黄河水库考古队副队长、东北考古队副队长兼第一组组长、中国社会科学院考古研究所第一研究室主任、《考古》杂志主编等，并任中国考古学会常务理事、中国史学会理事、文化部国家文物委员会委员等，1985年被授予德意志考古研究所通讯院士。

安志敏长期致力于田野考古，是新中国考古事业的重要领导者和组织者之一，也是中国当代考古学家中研究领域最广、成果最丰硕的学者之一。他在考古学的许多领域都颇有建树，主要成就有：从细石器遗存的渊源、传统和发展，探索中国的中石器时代文化问题；通过对庙底沟遗址发掘材料的整理和分析，确立了庙底沟二期文化，初步揭示了仰韶文化与中原地区龙山文化之间的传承发展关系；深入考察研究了以磁山和裴李岗为代表的华北早期新石器文化，为中原地区新石器时代文化的渊源和发展脉络的确立提供了新的论据；对黄河流域的仰韶文化和龙山文化进行类型和地区的划分，分析它们的特征并探讨其发展序列，为研究中国历史的起源提供了必要条件；通过对甘肃刘家峡库区的田野调查和研究，进一步否定了关于甘青史前文化的所谓"六朝说"，为准确认识西北地区史前文化作出了新的贡献；总结中国新石器时代考古的发现成果，就中国的新石器文化提出了一个比较全面的轮廓，着重从文化性质、类型、年代及相互关系等方面进行论述。安志敏在坚实的田野调查基础上，探索中国史前文化的渊源和发展关系，对中国史前考古体系的创立和中国上古史的重建作出了卓越贡献。

由于安志敏对中国考古界的杰出贡献，自20世纪50年代以来，他被邀请参加过许多国际会议和科学研究项目，足迹遍及亚、非、欧、美等各大洲的数十个国家。他在国际学术界也享有很高的威望，为中国考古学赢得荣誉。2004年，在安志敏80岁寿辰前夕，香港中文大学中国考古艺术研究中心出版了《桃李成蹊集——庆祝安志敏先生八十寿辰》，论文集的作者包括中国、韩国、日本、欧美、澳大利亚等国家及地区的学者。

安志敏兼通日语和英语，先后访问过十多个国家和地区，与国际学术界有着广泛的交往和联系。1991年12月至1992年5月，年近七旬的安志敏担任日本京都大学人文科学研究所客座教授，为中日考古学界的交流做了许多有益的工作。

对于考古，安志敏穷其一生，不懈追求。他的女儿回忆，1962年夏天，中国科学院组织一批专家赴内蒙古海拉尔休养。回来时安志敏来信要儿女们去火车站接他。那时我国处于困难时期，孩子们在上中学，经常吃不饱，非常盼望父亲从海拉尔带回些好吃的。火车站人很多，回来的专家们都带着大包小箱——里面都是难以吃到的土豆。安志敏的纸箱格外沉，回家后一打开，孩子们都有些失望——箱子里装的全是不能吃的石器。

安志敏的一名研究生回忆："20年前的秋天，我到北京做了先生的学生。那时候先生已经不再担任行政职务，但是工作依旧很忙，难得一见，多半只是上课才能看到他。当时他的办公室在考古所东北角的一间平房里，满屋子都是书，地上也堆满了书，很难插足，给初到北京的我留下深刻印象。先生给我们上'新石器时代考古'和'考古学通论'两门课。他上课从来不看学生，脑门上满是汗珠，讲义就写在发黄的带有横格的软卡片上，一张张的，好像正反两面都写，字写得密密麻麻。先生不善言辞，老实说，课讲得并不精彩，但他的认真却让我们不敢稍有懈怠。""已过花甲之年的先生，常常健步如飞，走在我们前面。白天调查跑一天，连二十岁出头的我们都感到累得早晨爬不起来，先生却天天早起，戴着耳机，练习日语。此事虽小，却给我很大震撼，让我从此无法偷懒。""我的观点有时是跟他不同甚至抵触的，他不以为忤，甚至还会加以引用。我能写点东西，大概跟他这种开放、民主的作风有很大关系。""晚年的先生，虽然在所里还有办公室，但是藏书差不多全部装箱搬到太阳宫考古所图书馆的书库里,查一本普通的《考古》杂志也要到阅览室去,很不方便。但他很少怨言,写文章的速度甚至比年轻人还快,思之令人汗颜。"

学生印象里安志敏数十年坚持洗冷水澡,一辈子没住过院,没动过手术。他不嗜好烟酒,业余爱好也较少,偶尔喜欢写写篆书,还多与考古相关,考古就是他的唯一的爱好和全部。

在安志敏的影响下,两个女儿也从事考古或者相关工作,安佳瑗是国家博物馆研究员,安佳瑶是中国社会科学院考古研究所研究员。

| 人物
| 档案

安志敏(1924—2005),山东烟台人,著名考古学家。毕业于中国大学史学系,1949—1952年为北京大学史学研究部考古研究生,1950年到中国科学院考古研究所工作。历任中国社会科学院考古研究所研究员、副所长、第一研究室主任、《考古》杂志主编、中国社会科学院研究生院院务委员兼考古系主任等职,并任中国考古学会常务理事、中国史学会理事、文化部国家文物委员会委员等职,1985年被授予德意志考古研究所通讯院士。自1945年以来出版专著10多种,论文近400篇。

德智善并行的金融巨子何善衡

毕玉婷

人物格言

在人生过程中,很少没有挫折的。当你遇上了的时候,必须忍受下来,内心要存有一个希望作为指引,以便全力去追寻,才会产生无比的勇气……以求取得最后的成功。

——何善衡

人物风采

在中山大学广州校区南校园东北区387号管理学院善衡堂一楼何氏教育基金会接待室,有一尊大理石雕像,人物脸庞圆润,嘴角微弯,双眼自信地注视前方,目光慈祥和善,领口服帖,领带笔挺,西装外套整洁无暇,他就是大楼的捐资者何善衡(图1)。中山大学广州校区与何善衡有关的受赠建筑有南校园的善衡堂、善衡楼及北校园的何母刘太夫人中心实验室、附属一院何善衡楼,共计四处。

1985年,经新华社香港分社副秘书长何铭思牵线,何善衡捐资2000万港元作为本金,建立何氏教育基金会。何善衡不愿意出名,委托何铭思出任基金会主席。基金利息每年达100多万港元,用于资助中山大学管理学院的教学、科研和师资培训及学术活动。

管理学院成立初期,学校安排今南校园东北区336号第二教学楼作为办公场地和教室。那时的广州室内装修很少见,管理学院要

图1 何善衡雕塑

做办公室、课室的规划、装修，无法在广州找到装修公司及材料等。基金会不但出资，还负责联系香港的装修公司、购买装修材料等。管理学院早期负责人邱忠平回忆，何善衡为人非常低调、平易近人，港人称其"善伯"。何善衡告诉邱忠平为人处事的八字箴言——"脚踏实地、忠诚老实"。

何善衡时刻关注着管理学院的发展，随着学院的发展，为管理学院新建了高标准的教学科研办公大楼——善衡堂；在国家计划资金有限、学校教工住房紧张的情况下，为解决管理学院教师尤其是中青年教师的住房问题，捐资建造管理学院教工宿舍——善衡楼（蒲园区666号），这栋24套住宅的宿舍楼，解决了管理学院中青年教师的后顾之忧，使他们安居乐业，稳定了学院教师队伍，加速了中山大学管理学院的发展。

建院初期一切都要从头做起，有了大楼，没有教学科研急需的设备怎么行呢？在那个计算机稀缺的年代，一台计算机的价格足以让人望而却步。何氏教育基金会出资购置了数十台计算机，并资助师生们出境参加各式各样的培训活动，推动管理学院成为华南影响力较大的经济发展与管理研究中心。为感念何善衡的功德，中山大学管理学院的领导曾经为他精心制作了一块纪念碑，准备立于楼前，被何善衡婉拒，碑最终没有立起来，而何善衡的雕像也非常低调地敬置于何氏教育基金会接待室内。凭借何氏教育基金会一如既往的支持，加之管理学院自身水平的不断提升，学院先后得到EQUJU和AMBA两项国际认证，跻身国际著名商学院之列。

中山大学的医科同样受惠于何善衡先生。1992年，何善衡捐赠2200万港元，为中山医科大学新建1.4万平方米的教学科研大楼，学校尊重何善衡的意愿，为纪念何母刘太夫人，将大楼命名为何母刘太夫人中心实验室。这座大楼北临北校园田径场，含纪念厅、接待厅、讲学厅及4大类8大实验室，是中山大学医科教学科学实验的主要场所。

中山大学8家附属医院中，附属一院规模最大，而衡量医院规模大小的重要指标之一就是开放床位数。附属一院有开放床位2618个，居8家附属医院之冠。附属一院住院大楼何善衡楼，由何善衡出资3003万港元捐建，1997年竣工，建筑面积2.29万平方米。该楼的落成，极大地缓解了慕名而来的大批患者住院难的困境。

何善衡为中山大学的发展不遗余力，献计献策。学校在1990年1月11日举行隆重仪式，聘请何善衡为中山大学荣誉顾问。此后，又在1995年6月3日举行盛大典礼，授予何善衡中山大学名誉博士。

何善衡缘何热衷于捐助教育和卫生事业？原来，何善衡出身寒微，只在广州上过几年私塾，14岁就到盐仓打杂。不久，他辞掉盐仓的工作，到金饰店做学徒。除了学习金饰的制作外，他还自修了经济、法律、心理学等知识。22岁那年，他被金铺老板提拔为金铺司理（经理助理）。很快，他自立门户，和他人在广州合办"汇隆银号"，做港币买卖的生意赚取差价，不久就积累了一定的资本。

何善衡瞄准香港的市场，1933年与几位友人在香港创办了恒生银行的前身"恒生银号"。恒生的初始资本只有区区10万元，职员也不过11人。当时恒生由林炳炎掌舵，何善衡任经理，驻守广州。

1947年何善衡从广州回到香港，参与黄金炒卖，凭借敏锐的眼光大赚了一笔，被视作"黄金权威"。恒生银号增加了大量资本，踏上了新的起点。

1949年林炳炎逝世，何善衡从1953年起扩充恒生的业务，增加恒生的注册资金。1959年，买入地皮兴建总行大厦。1960年元旦，恒生银号正式改名恒生银行。1964年，何善衡根据多年摸索出来的股市运作规律，领导员工精心编制出恒生指数，作为股市升跌的参考系数。科学又权威的恒生指数很快风靡全港，并在世界舞台崭露头角。

香港社会竞争激烈，银行业的竞争尤为紧张。20世纪60年代，恒生银行成为汇丰银行在香港的竞争对手，最终被汇丰购买51%的股份，何善衡仍然担任恒生银行董事长。

何善衡十分重视工作人员的素养。恒生银行设有"银行业务初级进修班"，每当新招进职员，何善衡都会亲自给新职员讲经营之道、为人之道，用儒家的传统道德去规劝和告诫他们，要求他们既要懂经营之道，也要做个正直的人。

1969年10月，何善衡把经商处世数十年的阅历精华，以及座谈会的资料汇集成《阅世浅谈》一书，派给恒生所有新职员。书中引述了《礼记》《论语》《孟子》等古籍的言论，加上平实的例子辅助，教导年轻人注意道德修养，并要立志、勤奋、戒贪、行善。

何善衡在书中强调仪表的重要性，他认为："高雅的仪表，器宇轩昂，衣履整齐，使人望而产生敬慕之心。假如给人的第一印象不好，便很难获得别人的敬仰和接近的机会。"何善衡对自己外出或上班时的衣着非常注意，对于职员们衣着的要求也非常严格。此外，何善衡要求职员们懂得心理学,以便于开展和拓宽业务,提供更令人满意的服务。

何善衡饮水思源。早在1937年,恒生银行创办不到4年,他就出资在家乡广州石溪兴建勋劳小学,并为家乡学童提供免费教育。60年代,为适应家乡建设的需求,他又多次捐赠拖拉机、汽车、缝纫机等。进入80年代,他捐出数百万港元在家乡建成了功能齐全、具现代化特色的医院。他数次与当地政府部门磋商,对医院的选址、设计、施工以及后来的设备选购都亲自过问。

1994年春,何善衡与梁銶琚博士、何添博士、利国伟先生各捐资1亿港元成立"何梁何利基金",作为科学技术优秀奖基金,专门奖励为国家作出巨大贡献的科学家和科技工作者。

曾和何善衡合作多年的伙伴说:"善伯十分敬业乐业,年轻时工作搏命,几至废寝忘餐;他待人厚道,朋友有困难时义不容辞予以帮助。他事业成功与人际关系良好有很大关系,他的职员、朋友以及拍档,都十分尊重他。"

人物档案

何善衡(1900—1997),祖籍广州市海珠区石溪村,恒生银行、"恒生指数""何梁何利基金"创始人。他领导编制的"恒生指数",作为股市升跌的参考系数,以其科学性与权威性而为世界所接受,一直沿用至今。先后获得MBE、OBE和CBE勋衔,香港中文大学荣誉社会科学博士衔和荣誉法律博士衔,中山大学荣誉博士衔,中山大学荣誉顾问衔等荣誉职衔,以及获颁泰国白象勋章、日本瑞宝章,1993年广州市授予其荣誉市民称号。著有《阅世浅谈》及《阅世浅谈续篇》。

马应彪对中山大学的厚爱延续至今

崔秦睿

▎人物
▎格言

揾钱容易，使钱难。

——马应彪

▎人物
▎风采

广东人以前感慨人生不易有句口头禅，那就是"揾食艰难"。而马应彪却有惊天之言："揾钱容易，使钱难。"揾钱容易，是他驰骋商场，实现资本神话般增值的写照；使钱难，则可见他对所创造财富的重视。他深知人创造的财富总是有限的，要花钱的地方实在太多，希望每一分钱的使用效益都最大化。

对马应彪这句惊天之语，他的儿子马文辉这样解释：其实公司各类生意业务兴隆，故财源广进，谓"揾钱容易"；但鉴于把钱用得其当并不容易，所以才有"使钱难"一说。

中山大学广州校区南校园里有数十栋中西合璧的民国时期建筑，逸仙路北段、东北区388号马应彪招待所就是其中一栋。该楼坐东朝西，正对一楼大门处奉置着捐赠人马应彪的半身铜像（图1）。马应彪在康乐园的捐赠最早追溯到1915年岭南大学附属小学第二栋校舍（现东北区340栋）；其后，又捐建马应彪夫人护养院（1919年竣

图1 马应彪雕塑

工,校医室,现东南区279A栋),联合岭南大学十位校友于1929年捐建十友堂(农学院,现西北区537号),于1930年捐建模范村第十二栋(中国教员住宅,现西北区524号)。这些建筑在民国时期的岭南大学及今日之中山大学具有不同的功能,发挥着不同的作用,为我们书写着教育救国、振兴中华的动人篇章。

众所周知,中山大学的源流之一私立岭南大学是由美国传教士在广州创办的教会学校,后来收归中国人自办。岭南大学早期建筑资金大多来源于美国传教士在美国的募集,建筑物也以美国人名命名。1911年起,附属小学校舍开始吸纳国人捐赠建设。直到后期,国人投资比例越来越大,最终成为学校发展资金的主要来源。

1917年7月,孙中山先生从上海来到广州,组织南下的议员成立"非常国会",并于广州成立了以孙中山为首的军政府。追随孙中山多年的马应彪,出任军政府的庶务。

这一年，钟荣光回国，出任岭南大学副监督（副校长）。得到了军政府和各方面支持的钟荣光趁机扩大华人在岭南大学董事会中的力量。在岭南大学的办学过程中，钟荣光与美国校董一直是合而不同的，他主张中国学校应由中国人自己来办。他数度下南洋、赴海外，募集办学经费，并大力宣传这一主张。

马应彪是钟荣光的故交，大力支持钟荣光的教育主张。当钟荣光建议他出任董事会首任华人校董时，他感到责无旁贷，于1918年成为岭南大学首位华人校董。在全是美国人担任董事的岭南大学董事会里，华人要跻身于其中，不仅要有巨大的名望和大笔的投资，还需要坚实的基础与各方的支持。但马应彪看准了，无论付出多大的代价，只要有朝一日能收回岭南大学的教育权，那就是值得的。

岭南大学校友子弟之中有来自港澳及东南亚的，他们的父母来校探望子女，往返于广州，水路间或不畅，常常耽搁时日，路途辛劳，苦不堪言。面对此情，马应彪捐建了一个招待所，用以款待学生父母留宿之用，免得他们颠沛奔忙，也让他们与子女好好团聚，以享天伦之乐。于是，一幢"马应彪招待所"便破土动工，并在1922年落成。

马应彪知道孙中山一生非常重视中国农业问题，认为中国几千年来都是以农立国，人口90%以上是农业人口，农业搞得好，农民生活才可改善。当时我国农业技术水平落后，水稻、果木、畜牧各方面产量都很低。他和钟荣光建议在岭南大学开办农学院和农职班，受到美国校董的极力反对，称如果钟、马等人要办农学院，校董会不负任何经济责任。

1921年，岭南农科大学董事局成立，时年61岁的马应彪出任董事。岭南农科大学得孙中山与军政府财政部部长廖仲恺的大力支持，由广东省政府拨给开办费30万元，自1921年起每年补助常年经费10万元，并拨给900亩地建立农林试验场，此举成为中国人收回岭南大学教育权的又一重要节点。

1927年,岭南大学教育权收归国人,岭南农科大学转为岭南大学农学院。钟荣光作为新校董会主席兼校长宣布,接收本校原因是:(一)尊重本国政府教育法令;(二)顺应中国民族运动潮流……

1929年,岭南大学农学院大楼十友堂落成,作为主要捐款人之一及该楼建设资金的司库,马应彪以落成典礼主礼的身份参与了落成典礼。

岭南大学与中山大学在农学领域有一段合作佳话。岭南大学农学院设有农田、园艺、畜牧等系,其中,农田系比中山大学的薄弱,园艺和畜牧等系的条件则比中山大学好。于是,两校采用互相寄读的办法,即中山大学上农田课时,岭南大学的学生去中山大学听课和学习;而中山大学农学院的学生则可随时到岭南大学的畜牧场和园艺场参观、学习,并可向教授提问题。这种取长补短、交流经验的做法,使两校在农学领域实现了双赢。

马应彪认为,"鉴因我国衰弱之现状,极宜振兴农业",并以身作则,要二儿子马文甲在岭南大学读农科,其他三个儿子文忠、文兴、文辉也都在岭南大学学习过。

在捐建校舍之外,岐关车也与马应彪有关。中山大学珠海校区开办之后,岐关车来往于珠海、广州之间,给往返于两地的师生带来优惠、便利的每一天。时至今日,恐怕没有多少人知道岐关车就是马应彪发起创办的。

1927年,67岁的马应彪投资兴办岐关车路,呈广东省建设厅准予承筑。1928年3月18日,岐关车路东线由澳门关闸至古鹤一段通车;1932年1月17日,岐关车路东线全线通车;1936年,岐关车路西线竣工。自此,岐关车路全线通车,全长100公里,为当时广东省最长的公路。

马家后代大部分在海外或中国香港地区定居,从事各行各业的都有,其中以医生、律师、教授居多。马氏后人承继了马应彪热心教育的传统,延续着对中山大学的支持。

1989年12月21日下午,首届"中山大学纪念马应彪奖励金颁奖大会"举行。马文辉先生及夫人卢雪儿女士前来参加颁奖。同年,马文辉捐资扩建马应彪招待所。

90年代初期,通过何博传组织,马文辉出资在中山大学设立"科学哲学论坛",由张华夏教授主持。这是全国第一个自由学术论坛,李泽厚、金观涛、杨小凯、刘再复、龙应台等文化名人都曾经到这里讲学论道。

1991年,马文辉捐资扩建马应彪夫人护养院。

1996年12月21日,由卢雪儿遵照马文辉遗愿捐资兴建,五层框架式结构、建筑面积3425平方米的生物博物馆马文辉堂落成,收藏标本663469件。

人物档案

马应彪(1860—1944),香山沙涌乡人,中国第一家现代百货公司、本土四大百货之一先施百货创办人。1880年前往澳大利亚,先后干过掘金矿工、菜园工,自营菜园、蔬果店,成为当地"香蕉王""花生王"。1892年结识孙中山,1895年成为香港兴中会主要成员,利用渡轮唱诗宣传革命。1900年,与人合资共25000港元,在香港中环皇后大道中172号创办先施百货,首创不二价,首用女售货员。

寒门院士陈国达的大写人生

崔秦睿

人物格言

恒心不断,耐心不移,是成功的前提。献身精神是我们前进的动力。

——陈国达

人物风采

中山大学广州校区南校园东北区389号一楼大堂,矗立着一尊人物雕塑(图1),发际线很高,头发后梳,面带微笑,戴着眼镜,目光深邃,流露出探究的神色,笔挺的西装、衬衣、领带,显示着他的严谨。他就是地洼学说之父——陈国达院士。

陈国达,1912年1月22日生于广东省新会县。陈国达的祖父陈文辉持家有方,曾率陈氏族人在广州市集资兴建陈氏书院(陈家祠)。但在陈国达父亲陈奕山时,家境已经没落。

陈国达8岁丧母,他被寄养在新会县城的大姐家。父亲陈奕山在新会县城一家酒家当店员,因为略懂风水,会抽空帮人选墓穴,赚钱帮补家用。

陈国达很小就跟父亲察看地形地貌,热爱自然山川。他把"求知无捷径,勤读有奇功"作为自己的座右铭,解释说:"我少时贪玩,学习成绩平平。到初中时,我用功了,进步很快。从此我得到体会,总结出这两句,作为警语。"1927年冬,陈国达初中毕业。1928年下半

图1 陈国达雕塑

年,他来到广州,越级考入中山大学预科理学部。他从课外读物中学习哥白尼、伽利略探索科学的动人事迹,深受鼓舞,激励着他在科学道路上坚韧奋进。1929年春,父亲病逝,陈国达的生活与学习费用靠大姐夫供给。不久,大姐夫在南美洲猝死,陈国达只能靠优秀奖学金及做家庭教师等工作的收入维持学业。

1930年,陈国达考入中山大学地质专业。他珍惜假期时间,后来回忆说:"对同学们来讲,这是个好的机会,是休息的好机会,也是学习的好机会,休息和学习可以统一起来。同学们可以利用暑假走到自然和社会的大课堂里去。不管是社会还是大自然,都比校园大,这里有广阔的求知天地。我们在校园里念书,是把千百年来前人总结出来的知识,通过老师学过来,通过实验室实习。但这还不够,大自然和社会还有更多鲜活的东西,需要我们收集第一手材料,验证学过的理论。通过收集材料、分析、归纳、思考,可以找到自己的见解,这是一种创造性的收获。大学一年级、二年级同学刚刚学完基础知识，可以利用所学知识，到自然界和社会中去寻找实验室。"

利用大学的几个寒暑假，陈国达对家乡的地质情况展开全面考察，大学三年级时，完成学术文章《广东新会地质试勘》，获得了国立北平研究院1932年度地质矿产研究奖金。1933年，中央研究院地质研究所所长李四光在给中国科学社总干事杨允中的信件中，高度评价陈国达的论文："此次高女士纪念奖金征文四篇，唯推《广州三角洲问题》一文最近于标准，如本年度决定给予奖金，似以给予此文作者最为适宜。"1934年，陈国达的毕业论文《广东之红色岩系》初步论证了丹霞地貌的概念，又获得国立北平研究院1934年度地质矿产研究奖金。

大学本科就有三篇高质量的学术论文，成就了陈国达本科阶段科学探索的传奇。

1934年，陈国达获得美国洛克菲勒文化基金会奖学金，被选拔为国立北平研究院硕士研究生。他像大学本科时那样热衷野外考察，多次到河北、山东、山西、内蒙古等地实地科考，积累了不少区域性地质资料，发现了一些现象，而这些现象无法用经典的大地构造理论进行解释。

1936年，陈国达硕士毕业，到两广地质调查所（隶属中山大学地质系）工作。1936年4月1日，广东灵山（今属广西）发生强烈地震。陈国达冒着余震危险，徒步赶赴震中考察，白天观察地壳构造及山崩、地陷、喷水、冒砂等突变，晚上伏在破庙神案上，借着烛光整理白天的观察资料，形成数百份调查材料。

陈国达在中山大学地质系讲授"构造地质"和"矿物学"两门课程，他备课非常认真，授课前总要参考大量的书籍资料，编写提纲，准备挂图和实物标本等。考试时，除了给学生出理论考题外，还发矿物标本，要求学生回答每块标本中矿物的特性、生成条件与矿产的主要关系等,用实践检验学生掌握知识的程度。他经常带着学生到广东肇庆、云浮等地进行实地教学,边观察边讲授,讲授内容深入浅出,使学生容易理解,能迅速掌握所学知识。

为了启发学生学习地质学的兴趣,1937年1月,陈国达创办了我国第一个地质学科普读物——《大地》月刊并担任主编。《大地》月刊的创立,使学生们自觉地走出课堂,探索山脉、河流、岩石、矿物生成及演化的奥秘。每当从自然界得到一点收获或有新的认识时,便纷纷在《大地》月刊上发表己见,学术气氛浓郁。《大地》月刊的影响,从广东辐射到全国各地,投稿者中不仅有学生、教师,还有来华执教的外籍专家,在高校地质科学领域有口皆碑。

1937年9月,陈国达离开中山大学,到江西地质调查所工作。在赣西北九岭山考察,下山时天色已晚,陈国达与同事只好住进一座破庙里。因年久失修,连庙门都没有,庙堂里还有农民养的一头猪。爬了一天高山,他们十分疲倦,躺下来便很快进入了梦乡。拂晓时分,有农民大声哭喊:"我家的猪昨夜被老虎吃掉了!"这时,夜宿庙里的陈国达与同事不禁毛骨悚然。值得庆幸的是,那头猪竟救了他俩的命。

1939年6月间,陈国达身患肺结核。当时,得这个病的人,多数被病魔夺去了生命,而他仍坚持研究与写作。

1945年隆冬,陈国达回到羊城,受聘为中山大学地质系教授,住进石牌校区住宅区918路28号,教学科研之余,种蔬菜、栽果树,修身养性。

1949年夏,广州十二科学团体联合会学术讨论会举行。陈国达在会上宣读论文《粤南油页岩的开发问题》。时任燃料工业部部长陈郁亲自打电话给陈国达,向他征询对油页岩进行开发的有关科学技术问题。

陈国达担任中山大学地质系主任后,在他的主持下,地质专业扩

招,增设"工程地质"等课程,使教学科研密切服务于国民经济建设。

1952年,陈国达调任中南矿冶学院地质系主任。经过长期探索,陈国达归纳出新的结论:中国东部大地构造单元,既不是地槽区,也不是地台区,而是一种新的构造类型。

陈国达说:"没有马克思主义的哲学思想作指导,地洼学说就不会如此幸运地降生,我还会像盲人一样地摸索。"原来,他在恩格斯《自然辩证法》一书中看到"地层渐变论"有"静态的缺陷"时,得到了启发。

1956年,陈国达发表的《中国地台"活化区"的实例并兼讨论"华夏古陆"问题》,以及1959年发表的《地壳的第三基本构造单元——地洼区》和《地壳动"定"转化递进说——论地壳发展的一般规律》,标志蕴含极大科学价值与经济应用价值的地洼学说就此诞生。

对于地洼学说的经济应用价值,陈国达如是说:"地洼学说从新的角度探索成矿规律,有可能更有成效地指导找矿。现阶段中国的大地构造分布,地洼区占2/3。世界各地也有广泛分布。地洼区相对隆起的山脉称地穹,相对下沉的盆地称地洼。地穹带以有色金属及稀有金属、放射性元素成矿为特色,而地洼盆地则是找煤和石油的远景区域。祖国的地下宝藏能得到充分采掘,是我最大的心愿。"

国际矿产成因协会主席谢格洛夫一再指出:"我们的'构造—岩浆活化'理论,是在地洼学说的基础上发展起来的,陈国达教授是我们理论的第一代引路人。"1968年,谢格洛夫在其专著《地洼区成矿》一书中写道:"陈国达的著作以中国地质为例,全面地论述了地洼区的特征。他以十分令人信服的证据,论证了这种地区是与地槽区和地台区并列的一级构造单元。"他向陈国达赠书时表示:"地洼学说不仅适应于中国,而且有世界意义。"

1978年,经国务院批准,中国科学院长沙大地构造研究所成立,陈国达任所长。该所的方向和任务为"研究和发展中国的大地构造理论地洼学说，运用地洼学说研究中国区域大地构造特点和发展史、矿产形成条件和分布规律，为找矿勘探服务"。

地洼学说的实用意义非常强，易于发现成矿规律，扩大找矿领域。在该学说指导下，发现了钨、锡、铋、钼、铜、铅、锌、锑、铀、铁、金、汞等各种金属矿产，以及金刚石、氟、石油等非金属矿产，其储量都非常丰富。

陈国达珍视师生情谊。1980年7月3日，他应邀到德国法兰克福大学讲学时，恩师古力齐教授到机场迎接。回想1936—1937年春，他曾与古力齐教授一同考察中国南岭山脉地质矿山的经历，陈国达赋诗抒怀：

    世事沧桑比疾风，不期欧陆喜重逢！
    东西恨历烽烟劫，师弟奋登科技峰。
    说震学坛谢善诱，道传四海奔前程。
    莱茵谊重花长艳，远别犹闻训诲声。

陈国达这位理工男很有诗人情怀。1995年，他83岁时，《陈国达诗选》出版。其中，1939年写于江西泰和小塘洲的《携锤颂七律》，记述了地质考察的艰辛与无畏。诗云：

    十载携锤欲穷山，兴来哪知路艰难！
    晨风飒飒驰荒漠，雾霭苍苍渡苇关。
    横岳云巅笑断崖，蓬莱海角战狂澜。
    前程回首休惆怅，奋起重挥征远帆！

《活化构造成矿学》是陈国达生前最后一本专著，2003年完稿，

108万字,代表了他最新的学术成就。

2014年11月1日,作为中山大学地质学科90周年系列庆祝活动之一,在地环大楼举行了陈国达院士铜像揭幕仪式、陈国达学术思想与大地构造理论研究会挂牌揭幕仪式。

人物档案

陈国达(1912—2004),广东新会人,著名地质学家、教育家,活化构造学说和递进成矿理论的创立者。国际地质界称他为"地洼学说之父";最突出的贡献是发现大陆地壳的新构造单元——地洼区,并在此基础上创建了壳体大地构造学,发展成为地洼(活化)构造理论体系,在国内外广泛运用于找矿,取得显著成效。地洼学说的诞生被列入世界科学技术史年表。1980年当选为中国科学院学部委员,1998年起为中国科学院资深院士。先后获得全国先进工作者和湖南省特等劳动模范等称号,第四至八届全国人民代表大会代表。

思想之种远扬
——达尔文在中山大学

孙正阳

| 人物
| 格言

我必须承认,幸运喜欢照顾勇敢的人。

——达尔文

| 人物
| 风采

在中山大学广州校区南校园生物楼正前方,静静立着一位影响中国甚深的科学家的雕塑(图1)。他头向右方略侧,眼睛凝视前方,仿佛在思考着深奥的问题。光头与大胡子的特征,显露了他是一名外国人。他,便是现代生物学之父——查尔斯·达尔文。达尔文一生在生物领域功高至伟。1983年,中山大学生物系1979级校友特发起捐建雕像,以弘扬达尔文的科学精神。1984年雕像完工,在康乐园现址落成。2001年11月10日,生科院校友捐建达尔文广场。

达尔文出生在英国,他的祖父曾预示过进化论,但碍于声誉,始终未能公开其信念。达尔文的祖父和父亲都是当地的医生,家里希望他将来继承祖业。1825年,16岁的达尔文被父亲送到爱丁堡大学学医。因为无意学医,达尔文就转到农学院。他经常到野外采集动植物标本,并对自然、历史产生了浓厚的兴趣。父亲认为他"游手好闲、不务正业",一怒之下,于1828年送他到剑桥大学改学神学,希

图1 达尔文雕塑

望他将来成为一个"尊贵的牧师"。这样,达尔文可以继续他对博物学的爱好而又不至于使家族蒙羞。但是达尔文对自然、历史的兴趣变得愈加浓厚,后来,完全放弃了对神学的学习。

在剑桥期间,达尔文结识了当时著名的植物学家J.亨斯洛和著名的地质学家席基威克,并接受了植物学和地质学研究的科学训练。1831年,达尔文自剑桥大学毕业后,亨斯洛推荐他以博物学家的身份参加当年12月27日英国海军环绕世界的科学考察航行:先在南美洲东海岸的巴西、阿根廷等地和西海岸及相邻的岛屿上考察,然后跨太平洋至大洋洲,继而越过印度洋到达南非,再绕好望角经大西洋回到巴西,最后于1836年10月2日返回英国。这次航行改变了达尔文的生活。他一直忙于研究,立志成为一个促进进化论的严肃的科学家。1838年,达尔文从马尔萨斯的《人口论》中得到启发,更加确定了自己正在发展的一个很重要的想法:世界并非在一周内创造出来的,地球的年纪远比《圣经》所讲的老得多。

达尔文常说，他的《物种起源》等著作和学说是"集体的产物"。在一封信中他曾这样写道："我清楚地看到，如果没有那些可钦佩的观察者所搜集的大量材料，我绝写不出那本书来。"他和华莱士的交往体现了科学家这种谦虚无私的精神。

华莱士是英国著名的自然科学家和旅行家，比达尔文小14岁，他和达尔文一样，进行着科学考察的活动，在同一个课题上进行研究和写作。他读过达尔文的《一个植物学家的航行日记》，也和达尔文有过几次通信，讨论交流研究心得，不过两人都没有提及各自的独立研究和正在写作的具体内容。

1858年6月18日，正在努力撰写《物种起源》一书的达尔文，收到了华莱士寄来的一篇关于进化论的手稿《论变种无限地离开其原始模式的倾向》。达尔文惊诧得目瞪口呆，他说，"我从未见过有这种更加令人惊奇的偶然巧合"，"他现在采用的学术名词，甚至也和我的书稿中各章题名相同"。如果是这样，进化论的优先权将归于华莱士了。达尔文决定退避三舍，成人之美，建议华莱士赶快将论文发表出来。为了避嫌，他还打算中断自己的写作，让华莱士独享荣誉。但是，华莱士知道这件事情后，不仅果断地放弃了优先权，而且满怀敬意地对人说："当我还是一个匆忙急躁的少年时，达尔文已经是一个耐心的、刻苦的研究者了。他勤勤恳恳地搜集证据，来证明他发现的真理，却不肯为争名而提早发表他的理论。"最后在别人的劝说下，达尔文同意和华莱士的论文合并，以合著的名义提交林奈学会宣读。1858年7月1日，达尔文与华莱士在伦敦林奈学会上宣读了关于物种起源的论文。后人称他们的自然选择学说为达尔文—华莱士学说。

达尔文在1859年出版的《物种起源》一书中系统地阐述了他的进化学说。其核心自然选择原理的大意如下：生物都有繁殖过剩的倾向，而生存空间和食物是有限的，所以生物必须"为生存而斗争"。在同一种群中的个体存在着变异，那些具有能适应环境的有利变异

的个体将存活下来,并繁殖后代;不具有有利变异的个体就被淘汰。如果自然条件的变化是有方向的,则在历史过程中,经过长期的自然选择,微小的变异就得到积累而成为显著的变异,由此可能导致亚种和新种的形成。

《物种起源》的出版,在欧洲乃至整个世界引起轰动。它沉重地打击了神权统治的根基,打破了人们的思想禁锢,启发和教育人们从宗教迷信的束缚下解放出来。

诚如《孙中山与中国革命的起源》的著者史扶邻所说,那个时代的中国人几乎都是先读孔子、朱熹的书,然后才接触到达尔文、密尔的学说;而孙中山走的路正好相反,他自13岁第一次出国,看到天地之大、沧海之阔,从此就有"慕西学之心,穷天地之想"。无疑,西学给予他的影响要更大。

对于中国书,孙中山并不陌生,他一生至少买过两套二十四史,也读过《资治通鉴》。在阐述"五权宪法"时,说到监察权、考试权,他说:"我读《资治通鉴》等各种史书,中国数千年来自然产生独立之权,为欧美各国所不知,即使知道也不能实行者,这是中国民族进化历史之特权也。"

在孙中山的知识结构中,传统典籍不是主要的,他的专业是西医。根据他的同学关景良回忆,孙中山平时非常勤奋,夜里常常点灯读书。《法国革命史》《物种起源》等西方典籍都是在这个时候读的,"物竞天择,适者生存",达尔文的进化论大大地震撼了青年孙中山的心灵。

孙中山在上海故居的藏书目录中保存下来的达尔文著作有两种,一是1892年伦敦出版的《查尔斯·达尔文》,一是后来追随他革命的马君武翻译的《物种起源》。到晚年,他的演讲中仍不时提及达尔文。

1923年12月,在岭南大学的学生欢迎会上,孙中山发表演说,在号召学生要立志做大事而不是做大官时,就列举达尔文的例子,认为达尔文的功劳"比世界上许多皇帝的功劳还要大些"。"现在扩充这个道理（按：指进化论），不但是一切动物变化的道理包括在内，就是社会、政治、教育、伦理等种种哲理，都不能逃出他的范围之外。"事实上，就中国而言，达尔文的影响最大之处，正是被广泛地运用于"社会、政治、教育、伦理"等领域的达尔文所确立的生物进化的"哲理"。

达尔文的生物进化的哲理，概要言之，一曰生存斗争，二曰自然选择。19世纪末，当达尔文的学说被介绍到中国来时，这一原理被概括为"物竞天择，适者生存"。孙中山认为：进化者，自然之道也。物竞天择，适者生存，不适者淘汰，是物种进化的原则。难能可贵的是，孙中山提出："物种以竞争为原则，人类则以互助为原则"，反对把物种进化的原则运用于人类社会，因为那样就会成为社会进化论，陷入弱肉强食陷阱，为帝国主义侵略弱小国家辩护。

人物档案

查尔斯·达尔文（Charles Darwin，1809—1882），英国博物学家、生物学家，进化论的奠基人。曾在苏格兰爱丁堡大学攻读医学，在英国剑桥大学攻读神学。有《物种起源》《动植物在家养下的变异》《人类的由来及性选择》等著作传世。其中，1859年出版了震动学术界的《物种起源》。该书用大量资料证明了形形色色的生物都不是上帝创造的，而是在遗传、变异、生存斗争和自然选择中不断发展变化的，从而摧毁了唯心的神造论。除了生物学外，他的理论对人类学、心理学、哲学的发展都有不容忽视的影响。恩格斯将进化论列为19世纪自然科学的三大发现之一（其他两个是细胞学说、能量守恒转化定律），对人类有杰出的贡献。

领带大王曾宪梓的拳拳赤子心

邓敏灵

人物格言

我是做领带的,是一个普普通通的商人。人生在世,来时两手空空,去时也不能带走什么。我只希望在我的有生之年,为祖国多做一点好事,为家乡的人民留下我的一片爱心。

——曾宪梓

人物风采

中山大学广州校区南校园曾宪梓堂大堂,面向门口有一座大理石半身雕塑(图1),雕塑所刻画的是大楼捐建人、著名企业家、慈善家、"领带大王"曾宪梓。

曾宪梓的曾祖父、祖父和父亲都是满怀希望地从梅州乘船出海寻求机会的客家男子。曾祖父、祖父闯荡南洋,带回了银钱,也带回了希望,在家乡建起了祖屋。后来,祖父客死他乡。曾宪梓的父亲曾荣发与弟弟曾桃发在泰国,一边做些小买卖,一边经营两间小百货铺。1927年,曾宪梓的母亲蓝优妹赶赴泰国与曾荣发完婚。第二年,他们有了第一个孩子:曾宪梓的哥哥曾宪概;1934年2月22日,曾宪梓诞生。

曾宪梓曾风趣地问记者,你看我像不像泰国人。他说,母亲在怀他七个月的时候,冒着很大的风险从泰国坐船七天七夜回到梅州,因

图1 曾宪梓雕塑

为她不想生个"鬼仔",想要生个梅州仔。

1938年4月,曾荣发积劳成疾,年仅35岁就离开人间。年仅32岁的蓝优妹,带着9岁的宪概、4岁的宪梓,半饥半饱地过着含辛茹苦的岁月。曾荣发生前将自己在泰国的两间百货铺以两千银元的代价交给了弟弟曾桃发,这两千块银元是欠票,也是他留给妻子最后的希望。

1940年泰国沦陷之后,曾桃发带着一家大小从泰国返回家乡梅县暂住。当蓝优妹满怀希望地拿出那张欠票去找曾桃发兑现时,曾桃发说,那笔钱因为当年曾荣发看病吃药早已经花光了。

1945年,抗日战争胜利后,年仅17岁的曾宪概跟着曾桃发一家去了泰国。这时,曾宪梓只读完了小学。为了分担母亲的重担,不到12岁的曾宪梓只有辍学,开始放牛砍柴、下地耕田。他不仅学做竹器,还学着自织渔网,到村里的池塘去捉鱼虾,吃不完的小鱼小虾就腌制起来,在青黄不接的日子里用于度荒。

梅县解放后，15岁的曾宪梓在土改同志的热心帮助下，进入梅县水白中学继续读书。后来，他以优异的成绩考入了梅县的重点中学东山中学，并被选为班主席。他不负众望，显示出了优秀的管理才能和组织才能。

1957年，曾宪梓以优异的成绩考入中山大学生物系。他时刻牢记着自己与别人不一样，他有寡母、妻子，还有即将出世的孩子。他利用中午午睡、星期六、星期天的时间，在宿舍里不停地编织学校基建需要的箩筐，制作扁担，学校支付工钱，每担五角钱。他还利用课余时间，帮系里刻钢板、印讲义，每刻一张讲义五角钱；因为刻的就是自己要学的讲义，他每刻一篇讲义，就等于读了一遍书。曾宪梓起早贪黑地不停干活，不仅学习成绩好，而且钱也赚得特别多。当时一个大学助教的月薪不到60元，而曾宪梓刻钢板，月收入甚至超过80元。他把赚到的钱寄回家帮补家用，而且主动不再领取国家的助学金。能赚那么多钱，在当时不太容易让人们接受，有人提出异议："曾宪梓太会赚钱了。"作为大学生，曾宪梓一切行为以大家的意见为准，于是停止了刻钢板。

曾宪梓1961年大学毕业后，被分配到广州农业科学院的生物化学研究所工作。他将家人接到身边，在广州过着简朴、安稳、和乐的生活。但为了处理父亲的遗产纠葛，1963年，曾宪梓放弃农科院的工作，先赴香港，再去泰国寻找叔父曾桃发。

到了泰国，曾宪梓很有礼貌地拜访叔父，并表示："叔父，您放心，不管怎么样，您有钱是我的叔父，没有钱也是我的叔父。"曾宪梓认为，曾家最艰难的日子已经过去，亲情是最值得珍惜的，不应该为了钱跟叔父闹得不可开交。

在泰国，曾宪概是做领带的，曾桃发是搞贸易的。曾宪梓在哥哥的工厂里打工，无法维持一家人的生活，孩子也无法上学。这时，曾桃发送他一批布料，要求他按时按质完成一批领带。当曾宪梓圆满地完成任务时,曾桃发很满意他的做工和速度,再加上有意帮他,就付给他相当于10000港元的工钱,而曾宪梓只留下了与自己的劳动等价的900港元。有了这笔钱,曾宪梓一家回到香港,开始了自己的领带事业。

曾宪梓返回香港,安置好家人,900港元用于租房、买家具、吃饭,已经所剩无几。热心的曾桃发又一次雪中送炭,汇款10000港元,说是给黄丽群(曾宪梓的妻子)和孩子们安家用的,解决了他们的燃眉之急。

领带行业是小本经营、设备简单的行业,当时香港的领带市场还远远没有被开发。

没有余钱雇小工,一切制作过程都得由母亲、妻子和曾宪梓三个人一点一点地完成。制作中低档领带只能勉强糊口,要致富就要制作高档领带。曾宪梓买来欧洲高档领带,回家拆开,一步一步仿制,再拿到洋行,对方竟无法区分哪个是仿制的。有了过硬的质量,曾宪梓给自己的领带起名"金狮",因为谐音不好,改为"金利来"。

1971年,第31届世乒赛后,中国国家队到香港举行乒乓球友谊赛;1972年,尼克松访华;1973年,香港无线电视举办香港小姐选举。这三项重大事件发生之际,曾宪梓都在香港无线电视做广告;这之前,没有人在电视上给领带做过广告。三次广告让金利来领带成为香港家喻户晓的名牌,曾宪梓也因此赚到他人生第一桶金——100万港元。

1978年,曾宪梓回到梅州,在东山中学捐建一座三层高的教学楼,校长把这件事汇报给叶剑英元帅。1979年,叶帅在广州南方宾馆接见曾宪梓,广东省负责人习仲勋、杨尚昆在座。叶帅鼓励曾宪梓带动更多港澳台同胞支援祖国建设。曾宪梓很受鼓舞,从此,便不断报效党和祖国的恩情。

1984年,《中英联合声明》签订。1985年,曾宪梓组织了1700多

人的宴会，不断播放爱国歌曲。曾宪梓参加了中英香港政权交接仪式，并高呼"祖国万岁！"1997年，曾宪梓获得香港特别行政区政府首次颁发的大紫荆勋章，是12位获得者中最年轻的一位。

曾宪梓对母校中山大学情谊深厚，捐建曾宪梓堂、曾宪梓堂南院和中山大学党政办公楼中山楼，捐赠规划中的中山大学博物馆群。除此之外，他还设立了曾宪梓奖学金，支持中山大学品学兼优的在校生。黄天骥教授为他撰词：织金银于岭海，育桃李于薰风。骋雄才于宇内，系母校于心中。

1992年，曾宪梓与教育部合作，捐赠1亿港元设立曾宪梓教育基金会。基金会成立之初，为鼓励更多的优秀人才从事师范教育，实施了"奖励优秀教师"计划。1993—1999年，奖励全国各类师范院校的优秀教师计7028人，奖金总额达4502万元人民币。2000年起，为支持家境贫寒、品学兼优的大学生完成学业，基金会决定实施"优秀大学生奖励"计划，奖励在内地高等院校就读的优秀贫困大学生。2000—2015年，基金会共奖励了38所内地高校的优秀贫困大学生26845人次，资助总额逾1.01亿元人民币。到2015年底，曾宪梓教育基金会成立23年来，用于实施奖励优秀教师和优秀大学生的累计奖励资助总额近1.5亿元人民币。

2004年10月，曾宪梓捐资1亿港元设立曾宪梓载人航天基金，每年拿出500万港元，奖励20位航天科技专才。

2008年9月，曾宪梓捐资1亿港元设立曾宪梓体育基金会。2012年8月23日，曾宪梓体育基金会颁奖仪式在人民大会堂香港厅举行，为在伦敦奥运会上夺取金牌的中国内地运动员颁发了总额达2520万港元（约合人民币2064万元）的奖金。曾宪梓表示奖励活动将至少持续到2036年。

到2015年底，曾宪梓给内地在教育、体育、航天等方面的捐款累计达到11亿元人民币。

1994年2月2日，中国科学院紫金山天文台为表彰曾宪梓对国家和人民作出的重大贡献及其高尚情操和奉献精神，决定将该台发现的"3388号"小行星向国际小行星中心和国际小行星命名委员会申报，经国际小行星命名委员会审议，核准通过，命名为"曾宪梓星"。

江泽民在担任国家主席期间、李鹏在担任国务院总理期间、乔石在担任全国人大常委会委员长期间、李瑞环在担任全国政协主席期间曾分别接见曾宪梓先生，感谢他对祖国建设的关注和积极贡献。

曾宪梓堂记

生命学科，日新月异，其初破核分英，近势蔽日凌霄。而十年树木，百年树人，穷研物种化育衍繁，培育又红又专俊彦，诚四化建设之需，学府当务之急。香港中华总商会副会长校友曾宪梓先生，爱国爱校，为弘扬学术，拓展生物研究教学领域，赠巨资兴建崇馆。维我校生物学系，创办以还，成就斐然，群贤荟萃，英才辈出。一九六一年，宪梓先生毕业于动物学专业。先生广东梅县扶大乡人，忠耿诚信，博学多才。常苦读于哲生堂中，驰骋于绿茵场上。校中诸友，今尚津津乐道。后定居海外，挈妇将雏，胼手胝足，有胆有识，克俭克勤，创建金利来及银利来有限公司，任董事长。经营十载，蜚声宇内，获亚洲领带大王之誉。春云舒展，鸿业有成，先生饮水追源，复思霑泽桑梓，于康乐园一草一木，尤系深情。斯堂之建，先生殚思竭虑，求实求精。楼高六层，风来面面；朱甍碧瓦，雄踞南陬。张健翼以挹珠江，启宏轩而迎学子。爱我校腾飞之际，先生匡之掖之，鼓之舞之，善莫大焉，德亦莫大焉。一九九零之秋，馆厦落成，友侪感奋，乃恭请叶选平省长题额，叶省长欣然命笔，颜之曰曾宪梓堂，用纪高风，以彰伟绩云。

黄天骥撰 孙稚雏书
中山大学 立石

人物档案

曾宪梓，广东梅县扶大区珊全村人，幼年丧父。1957—1961年就读于中山大学生物系。创立"金利来"品牌，享有"领带大王"美誉。1997年获得中国香港特区政府紫荆奖章。第八至十届全国人民代表大会常务委员会常委；金利来集团有限公司董事局主席，中华全国工商业联合会副主席，中山大学名誉博士。2008年，被授予"改革开放30年——中国企业改革十大杰出人物"。

"南中国生物防治之父"蒲蛰龙

张　凡

> **人物格言**

学习过程不应只是满足于书本上的知识,而是要在收集到的知识范围内,加以引申和扩大,并与实际结合,提高自己对事物发展本质的认识和理解。

——蒲蛰龙

> **人物风采**

在中山大学广州校区南校园曾宪梓堂北侧,矗立着一尊汉白玉雕像(图1),他就是"南中国生物防治之父"、中山大学教授——蒲蛰龙院士。蒲蛰龙是中国将以虫治虫从实验室推广应用到生产实践的第一人。

蒲蛰龙出生于知识分子家庭,童年随父母漂泊四方,直到蒲蛰龙13岁那年,一家人才在广州定居下来。小学阶段,蒲蛰龙基本以在家自学、父亲辅导为主。严格的家庭教育,使蒲蛰龙自幼就具有良好的文化基础。

1928年秋,蒲蛰龙考入中山大学附属中学读高中,随后进入中山大学预科,1931年秋考入中山大学农学院。

蒲蛰龙自幼酷爱大自然,在大学选择昆虫学科的课程为主修课。当时,广东各地松林很多,松毛虫造成大片松林枯死的现象使他决心

图1　蒲蛰龙雕塑

寻找防治松毛虫的办法。他经常到林区采集标本，仔细研究松毛虫的形体结构、生活规律和生命过程。为了争取时间多看点资料和做好实验，大学三、四年级的寒暑假，他都在学校里度过。旧中国从事昆虫分类的不足10人，蒲蛰龙的毕业论文《松毛虫形态、解剖、组织及生物学的研究》为防治松毛虫提供了较全面的参考依据，是中国该领域的首篇重要文献。蒲蛰龙毕业时，获学校颁发的毕业论文奖和优秀成绩奖。一个毕业生同时获得两项全校性的奖励，这在当时是少见的。

1935年秋，蒲蛰龙考取燕京大学研究生院生物学部；1937年，蒲蛰龙回中山大学任教，历任讲师、副教授。1946年，他取得了奖学金，到美国明尼苏达大学昆虫及应用动物系研究院攻读博士学位。留学期间，他进行昆虫学的科研工作，同时攻读了不少基础课和当时生物学科的一些前沿科目。1949年10月，蒲蛰龙取得了博士学位；蒲蛰龙的夫人利翠英也于同年获得该校硕士学位。取得博士学位后，蒲蛰龙告别了苦苦挽留他的美国同行和朋友，于1949年10月回到广州，担任中山大学农学院教授，后来又兼任广东省农业试验场（广东省农业科学院前身）场长。1952年全国院系调整，蒲蛰龙到华南农学院任教3年，后又回到中山大学任生物系教授。1962年，国家高教部批准中山大学成立昆虫生态研究室，蒲蛰龙任研究室主任；1978年，该室扩大为昆虫学研究所，蒲蛰龙任所长。

蒲蛰龙对教书育人、学习、研究有一套自己的见解：

"自然科学中任何一门学科的第一学习阶段，总要解决这样的问题：如何把知识或其他有关信息保留在大脑这个储存库里。

"老师在课堂上讲课不是罗列教材内容，而是扼要地、精炼地讲出每一个问题的精髓，听者能领略出重点所在，有较多的时间独立思考，消化、吸收基本要点；讲完每一个问题，就列出一系列有关文献，尤其是近期发表的水平较高的学术论文，供学生查阅。学生阅读论文之后，可以结合教师讲授的重点，通过思考而达到对问题的进一步了解。每一专门问题都辅以系统性的实验，这种实验不单是训练学生的操作技能，巩固所学知识，也培养了学生的智力。每个实验内容针对着该学科中的一个重要的专门问题，学生们分别进行其中一个子问题，一般要花三四个实验单元时间才能完成这个子问题的实验工作。一个实验结束之后，在教师指导下，每一学生都作口头报告，并展开讨论。这样一来，学生们把从实验得来的结果和从有关文献得来的知识进行论证、比较、补充和质疑，使他们对这个专门问题得到了较透彻的认识和理解。学完了整个课程之后，学生能基本掌握学科的近期理论进展、实验技术和存在问题，把大量的学科信息变成自己的知识，储在大脑中。此外，又培养了学生的观察能力、实验操作能力、分析能力、自学能力，并提高思维能力。

"边缘学科的发展使自然科学领域中出现了许多重大的发现、发明和突破，自然科学知识的结构也有了改变。边缘学科的形成和发展，会关系到科研中思想方法问题，也关系到科技实践中出现的实际问题。

"不论在学习与研究方法上，都必须适应新情况。对一个学科的若干重要问题，要通过记忆、分析、综合，并概括出概念来，以便于深入理解。学习过程不应只是满足于书本上的知识，而是要在收集到的知识范围内，加以引申和扩大，并与实际结合，提高自己对事物发展本质的认识和理解。"

蒲蛰龙重视"三基"教学，要求学生掌握好基础知识、基础理论和基本操作方法，特别注意动手能力的培养。在给研究生上实验课时，他不是采取自己包下来的做法，而是把对各种实验手段各有所长的教师组织起来，让他们都来指导学生。他认为，一个人不可能样样实验手段都精通，把大家的长处集中起来教给学生，学生学到的知识就会更全面。他将教学与科学研究紧密结合，又将科研工作的新成果及时地增加到教学中去，大大丰富了教学内容。蒲蛰龙的昆虫学知识比较全面，指导昆虫分类、昆虫生态、昆虫病理、昆虫病毒、害虫生物防治等方面的研究工作和这几个方面的研究生游刃有余。他主编的《害虫生物防治的原理与方法》受到了师生的好评和国内外科学界的重视。

蒲蛰龙既倾注精力于教学、科研工作，又以满腔热忱积极帮助中青年教师提高业务水平。中山大学昆虫学研究所里有一位科研教学骨干叫王珣章。1979年王珣章报考蒲蛰龙的研究生，有人反映王珣章不够安心工作，而事先了解其工作表现的蒲蛰龙不为所惑，经过考试，录取了王珣章。王珣章1980年考取牛津大学研究生，攻读昆虫病毒学，1984年获博士学位。王珣章出国留学期间，蒲蛰龙多次写信鼓励他，并将他在国外所写的论文翻印发给国内一些同行专家。1984年11月，中国昆虫学会在北京召开成立40周年纪念大会和学术报告会。这时王珣章刚从英国回来，若论资排辈的话，是轮不到他出席这次会议的。但蒲蛰龙为了让王珣章了解国内外昆虫学科近年来的发展情况，多接触熟悉一些专家学者，极力主张让王珣章参加这次会议，并在会上利用各种机会把王珣章介绍给国内外著名的昆虫学家。后来，经过组织考察，王珣章先后担任中山大学生命科学院院长、中山大学校长。

学以致用，蒲蛰龙非常重视用研究解决农业生产中亟待攻克的难关。

新中国成立初期，由于帝国主义的封锁，中国缺少农药。盛产甘蔗的广东甘蔗螟虫为害严重，蒲蛰龙开始研究用赤眼蜂防治甘蔗螟虫。当时国际赤眼蜂研究处于低谷，不起眼的赤眼蜂只比人的头发丝稍大，人们对于用它来防治甘蔗螟虫没有信心。但受到蔗螟虫害的甘蔗，台风一过，非断即倒，连蔗种都没了；施放赤眼蜂的蔗田则甘蔗完好无损。原来赤眼蜂寄生于蔗螟卵，吃掉卵中的营养，繁殖赤眼蜂后代，蔗螟卵出不了幼虫，甘蔗就保住了。该示范田显示了赤眼蜂的威力，让蔗农有了信心，愿意用赤眼蜂防治蔗螟。蒲蛰龙与助手在顺德建立赤眼蜂繁殖站，举办培训班，推广赤眼蜂防治蔗螟。

吹绵蚧泛滥时，湛江、电白一带的木麻黄防风林面目全非，树上挂满小"白花"，喷施农药无济于事，还污染环境。蒲蛰龙引进澳洲瓢虫和孟氏隐唇瓢虫，室内饲养成功后，散放虫灾区。一次施放，一劳永逸。他提出从害虫松突园蚧原产地日本引进其天敌花角蚜小蜂，成功防治被称为"南方森林大火"的松林新入侵害虫——松突园蚧。他利用平腹小蜂防治荔枝蝽象，减少岭南荔枝产区面临的蝽象威胁。他根据水稻害虫三化螟的发生规律，结合农时，采用提前灌水、散放赤眼蜂、赶鸭下田等方法进行综合防治；提出"容忍哲学"，允许少量害虫存在，否则害虫的天敌也没有东西吃了。领导、植保干部、农民逐渐相信"蒲治虫"的方法好。

四会县大沙镇水网纵横，土地肥沃，是四会"粮仓"。"文革"时期水稻病虫害不断发生，1972年尤为严重，粮食大幅度减产。正当四会人束手无策的时候，蒲蛰龙带着中山大学几名师生来到四会大沙，设立研究所，帮助农民防治农作物病虫害，从1973年到1997年，长达24个年头。他们以虫治虫，使生产的稻谷达到无公害标准，并连年获得丰收。此举得到世界同行很高的评价。1979年联合国《水稻综合防治指导》一文称："四会大沙的水稻综合防治做得最好"，"是个模范的综合治虫计划"。1991年美国《有害生物综合防治杂志》撰文称蒲蛰龙为"南中国生物防治之父"。

2006年12月31日，中山大学举行纪念蒲蛰龙院士诞辰95周年暨雕像揭幕仪式，黄达人校长、广东省政协副主席王珣章、广东省科协党组书记梁明、林浩然院士等为蒲蛰龙雕像揭幕。

人物档案

蒲蛰龙（1912—1997），昆虫学家，教育家。广西钦州人，生于云南。1935年毕业于中山大学农学院。1937年回校任教。1946年获美国国务院奖学金，赴美国明尼苏达大学攻读博士学位。历任中山大学生命科学院院长，中山大学副校长，第二、三、四届广东省科学技术协会主席。1980年当选中国科学院院士。1980年明尼苏达大学将该校的最高荣誉——优秀成就奖授予蒲蛰龙，这是中国学者第一次从该校获得这样的荣誉。有《利用赤眼蜂防治甘蔗螟虫》《害虫的生物防治》《害虫生物防治的原理和方法》《苏云金杆菌以色列变种防治蚊幼虫的研究》《农作物害虫管理数学模型与应用》《蒲蛰龙选集》《昆虫真菌学》《昆虫病理学》等著作传世。

在康乐园资文助理的马文辉

崔秦睿

> **人物格言**

西方文明似香口胶，甜滑久而渐淡，后竟咀之无味，弃之无地可容。比之我国文化，愈久愈化入味，回味无穷，齿颊留香。

——马文辉

> **人物风采**

在中山大学广州校区南校园西南区475号马文辉堂，进入大堂，正对楼门的是生命科学博物馆捐赠者马文辉的铜像（图1），铜像上的马文辉着长衫、戴眼镜，美髯飘飘，和蔼儒雅。

中山大学南校园又称康乐园，马文辉在这里度过了自己的小学、中学的学习生涯。

马文辉之父马应彪是岭南大学首任华人董事，为岭南大学的建设写下了浓墨重彩的一笔。马文辉兄弟在康乐园读书期间，母亲霍庆棠十分挂念孩子们，常常从香港来广州探望孩子，了解他们的学习、生活情况。

由于儿子们正在长身体，读书辛苦，所以，霍庆棠每次都留下一些钱，放在钟荣光夫人处，让仆人去买鸡，给几个孩子炖鸡汤、补身体。鸡汤炖好了，怎么叫这些孩子呢？他们分布在大学、中学乃至小学，有什么办法让他们知道呢？好主意总是能够打破固有条件的限

图 1 马文辉雕塑

制。那时,校园里传播范围较广的有钟声、哨声。敲钟是约定整个校园上下课的,做信号显然不现实。哨声则兼具传播远,又能做局部指令的特点。于是,给这几个孩子约定了特别旋律的哨音,听到这特定的哨音,孩子们就知道要聚集喝鸡汤了。

马应彪认为几个儿子之中,排行老四的文辉最像自己,最懂自己的心思。

1915年,广东发生了特大水灾。马应彪立即告诉尚在岭南大学附属小学读书的马文辉去干一桩重要的工作。暑假到了,年少的马文辉按照父亲的嘱咐,带上崭新的照相机,到香港,上了罗便臣道、坚道,开始了他的纪实拍摄。

洪灾过后的日头特别毒,出外不久,马文辉已经汗流浃背,而拍摄目标要各处寻找。他表现出成年人才有的眼光、责任与毅力,凡看到有榕树根须盘缠住的石块,便一一用相机拍摄下来,直到不再有合适的拍摄目标为止。就这样,顶着烈日,绕行于拍摄现场,马文辉共拍下了400多幅照片，旋即冲印出来。

马应彪看着小脸晒得通红、浑身汗津津的马文辉，拍了拍他的肩头，觉得自己的四子好有男子汉气概。马应彪对照片作了编排、说明，并在封面手书"植榕防潦"四个字，直接呈送孙中山。

孙中山看到照片上的榕树盘根错节，把附近的岩土紧紧地联结在一起，成为一道天然的防洪屏障，极其兴奋。广东处处是榕树，且生命力非常旺盛，所以，孙中山极为重视，马上将建议书批转水利部门研究落实。

1979年，全国政协五届二次会议在北京举行，增选马文辉等40人为常务委员。

1988年初，马文辉在广州回忆：1950年5月底，"港澳华侨工商界东北观光团"40多人途经广州时，叶剑英在广东迎宾馆接见了全体代表；在北京时，受到国家领导人朱德、陈云接见。回港后，代表团在中环告罗士打酒店邀请工商界头面人物举行了报告会，这对促进香港工商界人士建立与内地开展贸易的信心是一个转折点。他感慨地说："当年我没有应莫兄之邀，赴东北参观，实是憾事。我将在晚年走遍当年参观团所走路线，作为补偿。"

1988年岭南大学百年大庆茶话会举行，马文辉亲临叙谈。他欣然允诺为马应彪招待所加建第三层，并表示马氏一家世世代代不忘母校之深情。

1989年，马文辉决定捐资10万元人民币，在其父数十年前捐建的马应彪招待所上添建第三层。第三层面积为121平方米，整个工程当年8月便正式竣工。

紧接着，马文辉及其夫人卢雪儿医生又决定捐资28万元人民币，将马应彪夫人护养院添建至三层。与此同时，马文辉夫妇还设立了"纪念马应彪奖励金"，用以奖励教职员工中工作成绩卓著者。加建大楼，是提升硬件；设立奖励金，是搭建平台。它们所产生的精神效果，更是无可估量，更有远见卓识。

奖励金评委主席黄焕秋在颁奖大会上激动地说："马应彪先生是著名的爱国侨领、先施公司创始人，曾任孙中山先生的军需官。从1918年起参加岭南大学董事会，成为首位华人校董。马应彪先生生前热爱祖国，热心支持祖国的教育事业，在国内外具有广泛影响，令人尊敬。今天，也正是马应彪先生诞辰126周年纪念日，在这个时候举行颁奖大会，对缅怀先贤业绩，激励后人奋进，同样是很有意义的。"同时，他对热心捐资于祖国教育事业的马文辉、卢雪儿伉俪表示了衷心感谢。

1990年12月21日，中山大学举行马应彪夫人护养院扩建竣工典礼。马文辉夫妇参加典礼，马文辉赋诗以纪：

一

前尘脚印不难寻，六十五年数至今。
叙记应彪招待室，张筵会友畅谈心。

二

佳儿香岛一名流，美髯休休何处求？
纪念九泉贤父母，孝思更上一层楼。

1994年，中山大学哲学系的袁伟时教授和张华夏教授合办"马文辉科学哲学论坛"，广邀各方学者讲学。香港某著名教授说，他就是通过这个学术平台，结识了张华夏、冯达文、陈少明、李兰芬、翟振明、倪梁康、张志林、肖滨、任剑涛、李公明、李杨、张翔等一大批学术界朋友，迸发思想火花，共享学术盛宴。

有位教授说，在中山大学哲学系参加过几次马文辉科学哲学论坛以后，有一个感觉：在别的地方如果有人大声嚷嚷，会被当作吵架；可是在马文辉论坛上或者论坛后如果有人大声嚷嚷，说不定人们

图2　马文辉堂

会认为他们是在讨论哲学问题而谅解此事。

马文辉生前了解到,中山大学生物标本库存量为全国最大,却没有合意的收藏与陈列场所。卢雪儿女士遵照马文辉遗愿,热心支持,捐资340万元兴建马文辉堂。

马文辉堂于1995年11月奠基,1996年12月21日落成(图2),总建筑面积3425平方米,用作生物博物馆。生物博物馆下设三个标本室。现在,植物学标本室拥有植物标本20万份,昆虫学标本室拥有昆虫标本42万份,动物学标本室拥有鸟类、兽类、鱼类以及无脊椎动物标本3多万份。

马文辉堂记

(标题篆书,内文行楷)

马文辉堂告成,我校师生,同瞻新厦,沛然生感。香港马文辉先生父应彪公创立先施公司,追随孙中山,致力民主革命,任岭南大学首届华人校董。先生幼受熏陶,常思报国,既游欧美,鉴别得失。尝谓振兴中华,宜倡教育与科学民主。已而居寓海隅,克绍父业,目睹港英时弊,尤恶殖民统治。遂效彼邦之施,为主持民主讲座。慷慨挥斥,议论纵横,激浊扬清,斯民鼓舞。先生早岁就读于岭大附中,爱国爱乡,数十年如一日。迨改革开放,率先重游康乐,睹物思人,亲情愈切,乃扩建其先父母所捐马应彪堂及护养院。复念岭大、中大所藏生物标本俱誉于世,遂赠建马文辉堂,展列珍品。惜蓝图方拟,先生遽逝,赖夫人卢雪儿女士暨哲嗣马健源先生,秉承遗愿,终成杰构。卢女士为中大校友,与先生伉俪情深,旨趣相投,匡扶调理,允称贤助。今荟菁华于一堂,体两校成一家,所虑甚周,寄寓尤远。斯堂巍然屹立,气象轩昂,遂使我园宇增辉,科研添翼。昔先生刚直不阿,胸襟如雪,布衣杖履,周旋于十里洋场;银髯飘潇,一身正气。师友怀念既殷,咸议铸像于堂,俾莘莘学子仰高风而知盛德云。

黄天骥撰　孙稚维书
中山大学立　一九九六年十二月廿一日

人物档案

马文辉(1905—1994),广东中山人,马应彪哲嗣。曾就读于岭南大学附属小学、附属中学,后遵父愿辍学从商。他捐资修缮、扩建父母捐建的部分建筑,又捐资兴建马文辉堂,资助中山大学的科学哲学论坛,多次亲临演讲,为促进海峡两岸的学术交流尽心尽力。

身边的慈善家梁銶琚

黄佰全

人物格言

大量容人,小心做事;利居众后,责在人先;起得早,睡得好;七分饱,常跑跑。多笑笑,莫烦恼;天天忙,永不老。

——梁銶琚

人物风采

在中山大学广州校区南校园大礼堂——梁銶琚堂,进门可见一尊雕塑(图1)矗立于大堂中央。雕塑刻画的是一位西装革履的老人。他眼睛有神,直视前方,一副忧国忧民的神情。他就是大礼堂的捐建者、中山大学荣誉顾问梁銶琚先生。

梁銶琚堂是改革开放后内地接受港澳同胞捐资兴建的第一栋捐赠建筑。从此,爱国兴教、襄助内地教育的善举蓬勃发展。

梁銶琚一向崇敬中山大学创办人孙中山先生。梁銶琚的宗亲梁钊韬教授其时执教于中山大学人类学系,二人常有书信往来,联络亲情、互通音信。改革开放伊始,中国百废待兴。功成名就的梁銶琚从梁钊韬的一封信中得知,中山大学人类学系历史悠久,发展势头良好,当时影响发展的主要问题是没有融合教学、科研、实践等多方面功能为一体的独立教学大楼,给工作带来诸多不便。言者无意,听者有心。梁銶琚差人到中山大学实地考察,得出结论,梁钊韬反映情况

图1 梁銶琚雕塑

属实,而在学校层面,最为迫切的是建造一座大礼堂,满足全校会议及大型学术活动的需要。通过与学校领导的沟通,人类学系的需求可以用现有房舍调剂解决(后来,学校将我国第一栋钢筋混凝土建筑马丁堂分配给人类学系),而大礼堂的需求就没有调剂余地。二者相较,大礼堂建设牵涉学校大局,梁銶琚最终决定捐建大礼堂。

1981年,梁銶琚捐赠600万港元为中山大学建设一座现代化的大礼堂,即梁銶琚堂。梁銶琚堂于1984年落成,建筑面积5600平方米,礼堂内设有会议室、贵宾厅、花园,首层座位1400个、楼座600个,合计座位2000个,其规模在当时的广州仅次于中山纪念堂。梁銶琚堂1985年被评为广东省优质样板工程。梁銶琚堂建成以后,每年有许多大型学术会议在此举办。

鉴于梁銶琚对中山大学的特殊贡献,他被聘为中山大学荣誉顾问。除了梁銶琚堂以外,梁銶琚还为中山大学高等学术研究基金会捐献50万港元,支持中山大学的高等学术研究工作。梁太太也出资在中山大学附属小学捐建了一座图书馆。

梁銶琚,清光绪二十九年(1903)生,广东顺德人。其祖父梁祥仁早年经商,全家搬迁到广州西门口,创办"陆记银号"。梁銶琚的父亲梁式芝子承父业,接手"陆记银号"。

梁銶琚是梁式芝庶出第五子,在家族中的地位不高。梁銶琚幼时上过几年私塾,对读书有兴趣的他却没能受到更多教育。梁式芝认为,教育虽然重要,但是实践经验还是排在第一的,学做生意经商才是重中之重。于是,16岁的梁銶琚便被梁式芝送去太平街口的"均兴钱银号"做学徒。作学徒的梁銶琚每个月工资只有五毛钱,而且地位十分低下。但梁銶琚没有对这种生活感到不满,反而从中找乐子来充实自己。作为庶子,梁銶琚自知地位不高,要想扬眉吐气,只能自己努力争取,成为一个成功的商人,让父亲刮目相看。他为人彬彬有礼,学习能力强,领悟能力高,做人机灵,老板交待的事情,他都会认真地去做,力求做到最好,而且他人缘极好,店铺里的人都很喜欢这个小伙子。做学徒三个月,老板就将他升职为正式柜员,每个月三块大洋的月薪。这是梁銶琚的一大成就,如此迅猛的升迁,在当时的银号界少之又少。梁銶琚用自身的努力创造了一个传奇。

20岁时,梁銶琚开办了"元兴""元盛"两家银号。梁銶琚在商界信誉至上,成为业界的一段佳话。

梁銶琚不仅在商界信誉超卓,他的商业眼光也令人称道。抗美援朝时,美国对中国实行禁运,大昌贸易行对中国内地的贸易下降到原来的1/10,情况危急。时任大昌贸易行总经理的梁銶琚当机立断,决定开拓东南亚和东北亚市场,这个决定使大昌贸易行慢慢恢复了元气。但是,梁銶琚并没有就此得意忘形。他分析国际政治形势,在印度支那刚开始发生战争时,他就决定撤走在印度支那的公司,使公司免受战争波及。在海外考察时,梁銶琚发现有不少战时报废的商船和军船,决定增开拆船业,将拆船所得材料自己利用。大昌贸易行在这项生意中收益丰厚,引得不少人进入拆船业来分一杯羹。梁銶

琚又决定转向船运业，使大昌贸易行成为当时香港驳船最多的商行。

梁銶琚在商场上的成功，缘由之一是他对员工的照顾。大昌贸易行的员工除一般的薪酬外，还享有各种医疗保健、带薪假期、特惠房屋贷款等福利。大昌员工家属的医疗同样得到企业的补助；员工子女考上大学的，梁銶琚就请这家人吃饭，并赠送一套西装给考上大学的孩子，勉励其发奋读书，学成后服务社会、报效国家。曾有一个员工，家里5个孩子都考上大学，前述待遇就享受了5次。在大昌贸易行退休的员工都享有一笔价值相当于在职最后一年年薪十倍的退休金，以保障员工的晚年生活。大昌贸易行的员工一般都很热爱自己的工作，极少离开大昌，以行为家，这是对梁銶琚及大昌的最好回报，也是梁銶琚对员工照顾所带来的良性循环。

梁銶琚为人勤劳朴实，忠厚正直，自洁自律。他一生淡泊名利，身上少有恶习。他从不参与赌博，不进入马场，也不允许自己的员工在上班时有谈论赌马等不良行为。

梁銶琚与夫人是遵循父母之命结婚的，但是他与妻子相敬如宾。梁銶琚的独子早年不幸去世，许多人劝他纳妾，但他对此从不考虑。梁太太晚年患有糖尿病，一向以公为先的梁銶琚罕见地抽出许多时间来照顾她，在公司时也常常会打电话问候妻子，引来不少人的羡慕与称赞。

"财物得之于社会，应当用之于社会，吾希望尽自己所能，为祖国现代化建设，为香港稳定繁荣和科学教育事业添砖加瓦，继续'热心公益，发展教育'，提高中华民族在世界上的地位，则吾心慰矣。"梁銶琚用自己的人生，践行了自己的慈善心愿。他的慈善事业从身边做起，从家乡顺德北头村做起，再惠及其他地方。

梁銶琚的女儿梁洁华延续了父亲对中山大学的关爱。学校因此授予梁洁华女士名誉博士学位，聘请她为中山大学顾问教授。

梁銶琚堂一楼大厅西墙前敬置的梁銶琚铜像，基座上由著名书法家赖少其题写"梁銶琚先生像"；左侧墙壁上镶嵌着记述梁銶琚功德的《梁銶琚堂记》石碑，石碑的文字信息如下：

　　我校继承中山先生遗志，培英育俊，振采扬华，六十年来，名传海外。际兹国运日隆，需才孔亟，遂有扩充黉宇之议。香港梁銶琚先生，闻风响应，慨然以一己之力，赠建中山大学礼堂，乃于一九八二年夏，拓土鸠工，经之营之，得成巨构。轩楹瑰丽，气象恢宏，门接春日之晖，窗揽南天之秀。堂内堂外，美轮美奂，济济学人，共叨嘉惠。因颜曰梁銶琚堂，用纪高风而光盛德焉。先生复乐助我校高级学术研究中心基金会基金，夫人李秀娱女士亦赠建我校附小图书馆。奖掖后进，盛意拳拳；热爱中华，深情惓惓。先生原籍顺德县杏坛北乡头。现任香港大昌贸易行执行副董事长、恒昌企业有限公司董事兼总经理、恒生银行董事。为造福桑梓，屡献巨款，举凡公益建设，靡不鼎力支持。海涯岭表，咸谓先生龄高德重。今推其爱乡报国之心，共襄兴学育才之举，垂范垂式，可钦可则。刻此乐石，以永令誉。一九八四年十月二十七日记。

中山大学立

黄天骥撰　商承祚书　（印二）番禺商氏　一九零二年生

人物档案

　　梁銶琚（1903—1994），广东顺德杏坛北头人。香港恒生银行常务董事，大昌贸易行执行副董事长，香港顺德联谊总会首席名誉会长，香港十大慈善家之一，顺德市荣誉市民，香港中文大学荣誉社会科学博士，清华大学名誉博士，香港大学荣誉法学博士、捐建人之一，中山大学荣誉顾问。

校 训

博学 审问 慎思 明辨 笃行

国立廣東大學誌立訓詞

中華民國十三年十一月

校训是大学精神的集中体现,也是学校视觉形象识别系统的重要组成部分之一。中山大学校训是孙中山先生为国立广东大学成立典礼亲笔题写的。原文出自《礼记·中庸》第二十章:"博学之,审问之,慎思之,明辨之,笃行之。"

十八先贤爱国救国前仆后继

邓敏灵

人物格言

惟我辈既以担当中国改革发展为己任，虽石烂海枯，而此身尚存，此心不死。既不可以失败而灰心，亦不能以困难而缩步。精神贯注，猛力向前。应乎世界进步之潮流，合乎善长恶消之天理，则终有最后成功之一日。

——孙中山

人物风采

中山大学广州校区南校园中区草坪附近的永芳堂前，分列着十八尊铜像，构成了近代中国十八先贤铜像广场（图1）。北侧一组从东到西依次为林则徐、魏源、黄遵宪、邓世昌、康有为、梁启超、章炳麟、蔡元培、孙中山，南侧一组从东到西依次为洪秀全、容闳、冯子材、严复、谭嗣同、秋瑾、詹天佑、张謇、黄兴。这十八先贤在中国内忧外患的近代，为国家独立富强、为人民自由幸福而前仆后继，付出了艰苦卓绝的努力。

1990年，为纪念中国近代史开端150周年，香港南源永芳集团董事长姚美良捐资创办中山大学"近代中国研究中心"，以及兴建永芳堂（也称为孙中山纪念馆）。永芳堂由对称的外方内圆的双曲面组成，前庭舒展的两翼象征开放中的国门。直达三楼正厅的室外

图 1　十八先贤铜像广场

六十级台阶则象征着国家的发展进步。作为永芳堂的有机组成部分，十八先贤铜像广场随后建设，在中山大学建校 70 周年之际落成。

　　捐资兴建永芳堂的姚美良先生是已故马来西亚侨领姚永芳之子。身为华侨，姚永芳始终心怀祖国，他经常教育子女要热爱故乡，为桑梓服务。姚美良不忘父亲教诲——"炎黄子孙在海外不管怎样有钱和有地位，如果祖国不富强，也是抬不起头来的，更不用说扬眉吐气了"，慷慨捐资支持国家的教育和文体活动。每次捐款，他总是深情地重复这样一句话："我拿的是外国护照，但无论走到世界哪个地方，黄皮肤、黑头发是不可改变的，盼望祖国富强，是我们海外中国人由衷的希望。"姚美良在铜像落成典礼致辞中讲道："我深深感到：缅怀一个半世纪以来为国家民族的独立、富强而奋斗的先贤们，是很有意义的。海外老一辈的华侨都把睁眼看世界的林则徐、走向世界的黄遵宪和推翻清王朝的孙中山等先进人物看作中华民族奋发图强的象征。我经常想,只要我们平心静气地回顾150多年来艰难曲折的历程,我们就会发现:中华民族是一个不甘沉沦的民族,是一个奋发向上的优秀民族,一个充满希望的伟大民族!我们海外华人,世世代代都以此为自豪,并以此作为不断奋斗的精神支柱!"在姚美良看来,要振兴中华,就要从教育入手,要唤起国魂。

近代中国十八先贤铜像广场,作为一个进行爱国主义教育的场所,纪念十八位在近代历史上为中华民族的独立和进步作出过重大贡献的先贤。十八先贤经过了历史学家严格复杂的筛选,最终确定名单,其铜像邀请著名雕塑家潘鹤、钱绍武、叶毓山、沈文强、田金铎等人进行创作,并由国内工艺最好的工厂铸造而成。由企业家与史学家、艺术家通力合作,为近代中国的先贤们树立群雕,在中国是一大创举。

这十八位先贤包括了政治、军事、经济、文化教育和科学技术等各个领域的杰出代表。铜像栩栩如生地刻画着人物迥异的形象特征,而相同的是他们都目光坚毅、英气凛然,内心都潜藏着一个甘愿为之洒尽热血的理想。他们所书写的可歌可泣的篇章,映射了在那个混乱纷争的时代中民族脊梁的傲然挺立,叛离常人自甘为之囚禁的所谓宿命,不屈从于外部的压力,为自己信仰的真理付出全部精力,乃至生命。

虽然这十八位先贤所处的历史背景有所差别,所奉政治理念和思想主张各不相同,有些相互之间还发生过激烈论辩甚至冲突,但是他们都有一颗炽热的爱国心,从"天朝上国"的幻象中惊醒,在窥探世界趋势的时代环境中蜗行摸索,力图尽己所能地使国家顺应时代潮流以告别落后挨打的命运。

林则徐提倡经世致用、经国救世,两次受命钦差大臣,严禁鸦片,成为民族英雄。

冯子材是近代中国抗击外来侵略的抗法名将、民族英雄，他率士兵抗击法军，取得镇南关（今友谊关）大捷。

邓世昌是海军杰出爱国将领、民族英雄，在中日甲午战争中，"致远"舰被炮弹击中，邓世昌誓与军舰共存亡，驾驶舰艇撞向敌舰，留下誓死捍卫中国海疆的威武形象和不屈不挠的战斗精神。

洪秀全领导的太平天国农民运动，对孙中山革命思想的形成和发展影响较大。孙中山说："洪秀全未成而败，清人贬之为寇，而我们四人（指孙中山、陈少白、尤列、杨鹤龄）的志向正如洪秀全一样，那么，我们四人倒成了清廷的'四大寇'了。"

魏源是"睁眼看世界"的文人之一，倡导学习西方先进科学技术，师夷之长技以制夷。

严复是近代启蒙思想家、翻译家和教育家，致力于教育救国。梁启超称赞他"于中学西学皆为我国第一流人物"，毛泽东称赞他是"中国共产党出世以前向西方寻找真理的一派人物"。

蔡元培是著名革命家、教育家、政治家，曾经担任孙中山南京临时政府教育部总长。1916年12月26日，蔡元培受命担任北京大学校长。赴任前，蔡元培的众多友人认为北京大学校方腐败，如赴任有碍名望。孙中山认为："北方当有革命思想的传播，像蔡元培这样的老同志，应当去那历代帝王和官僚气氛笼罩下的北京，主持全国教育。"蔡元培慨然领命。

梁启超是清华大学国学研究院四大国学导师之一，他的爱国救国思想，不仅影响他的学生，也深深影响着他的子女。梁启超说："人必真有爱国心，然后方可以用大事"，"爱国如家"。梁启超的九个子女都学有所成，还产生了三位院士：梁思成、梁思永、梁思礼。

黄遵宪、康有为、谭嗣同、梁启超等主张在中国用温和的手法维新变法，实现富国强兵的目标。

张謇践行"实业救国"，曾经担任孙中山南京临时政府实业部总长。他一生创办了20多个企业、370多所学校，为我国近代民族工业的兴起，为教育事业的发展作出了宝贵贡献。

詹天佑是中国首位铁路总工程师，主持修建我国自主设计并建造的第一条铁路，即京张铁路。1912年春，刚辞去临时大总统职务的孙中山到广州考察粤汉铁路，受到时任粤汉铁路总工程师和总理的詹天佑的热情接待。

容闳、孙中山、章炳麟、黄兴、秋瑾等民主革命者，为创建民国呕心沥血。孙中山推行民族、民权、民生三民主义，临终毅然实行"联俄、联共、扶助农工"的三大政策。毛泽东在《纪念孙中山先生》一文中说孙中山是"中国革命民主派的旗帜"，强调纪念他在辛亥革命时期，领导人民推翻帝制、建立共和国的丰功伟绩；纪念他在第一次国共合作时期，把旧三民主义发展为新三民主义的丰功伟绩。"孙中山是一个谦虚的人。……从他注意研究中国历史情况和当前社会情况方面，又从他注意研究包括苏联在内的外国方面，知道他是很虚心的"，"他全心全意地为改造中国而耗费了毕生的精力，真是鞠躬尽瘁，死而后已"。永芳堂孙中山纪念馆门楣上镌刻着孙中山倡导的"天下为公"，在某种程度上是他爱国、献身振兴中华伟业，生命不息、奋斗不止的人生写照与诠释。

十八先贤两边布局，以历史顺序为序，两组铜像分别以林则徐和洪秀全为首，以孙中山和黄兴为后，既自成独立景观，又与永芳堂连成一体。雕像刻画的一个个生动形象联结着一段段令人难以忘怀的史诗篇章。当人们瞻仰永芳堂前这十八位近代先贤的铜像时，一定不会忘记近代中国百年屈辱、百年抗争的历史，不会忘记曾有多少先烈抛头颅洒热血，多少先贤呕心沥血艰辛奔走。

历史的烟尘散去。今天，十八先贤铜像广场成为中山大学一道亮丽的风景线，永芳堂前游人如织，孩子们的笑声清脆响亮。

人物档案

林则徐，福建侯官（今福州市）人，鸦片战争时期禁烟派、抵抗派领袖，近代中国第一位伟大的爱国者，开眼看世界的第一人。

魏源，湖南邵阳人，近代著名思想家，向西方寻求救国真理的先驱之一。

黄遵宪，广东嘉应州（今梅州市）人，著名启蒙思想家、爱国外交家和诗人。

邓世昌，广东番禺（今广州市）人，中日甲午战争时期为国捐躯的著名爱国将领。

康有为，广东南海人，近代著名启蒙思想家、政治家，戊戌维新变法运动的领袖。

梁启超，广东新会人，近代著名启蒙思想家、政治家，戊戌维新变法运动的领袖之一。

章炳麟，浙江余杭（今杭州市）人，近代著名学者、思想家，辛亥革命时期杰出的宣传家。

蔡元培，浙江绍兴人，辛亥革命志士，近代著名教育家。

孙中山，广东香山（今中山市）人，近代中国伟大的爱国者，伟大的民主革命家，辛亥革命的领袖。

洪秀全，广东花县（今花都区）人，太平天国农民运动领袖。

容闳，广东香山（今属珠海市）人，近代运动留学先驱，著名的维新志士。

冯子材，广东钦州（今属广西）人，中法战争时期的著名爱国将领。

严复，福建侯官（今福州市）人，近代著名思想家、翻译家，传播

西学的杰出代表。

谭嗣同,湖南浏阳人,近代著名启蒙思想家、政治家,为戊戌变法运动献身的"六君子"之一。

秋瑾,浙江山阴(今绍兴市)人,为反清革命献身的著名女革命家、中国妇女解放运动先驱。

詹天佑,安徽婺源人,出生于广东南海,近代著名爱国铁路工程专家。

张謇,江苏南通人,近代著名实业家、教育家。

黄兴,湖南善化(今长沙市)人,近代著名的民主革命家,辛亥革命的领袖之一。

龙康侯：让中国人在国际上占有一席位置

李嘉丽

人物格言

我个人没有很多值得写的，而研究室大家的工作所取得的成果，使中国人在国际上能占有一席位置，长了中国人的志气，这是应该让人们了解的。

——龙康侯

人物风采

在中山大学化学楼内，一尊目光深邃的铜像很是醒目，作为中国南海海洋天然物化学研究的开拓者，已故著名有机化学家、教育家龙康侯先生在海洋生物领域作出了卓越贡献。2009年，由中山大学曾汉民老校长等六位资深化学教授发起、众同事和弟子大力支持与集资铸造的龙康侯纪念铜像，于2009年11月21日，在中山大学化学楼落成（图1）。

龙康侯的成才道路与其家庭教育息息相关。他自幼在父亲的督导之下勤学苦读，每天背诵中文、英文名篇，打下较好的文化基础。小学毕业，考取南开中学，初中只读了一年半便跳级到高中，高中二年级就到北平报考清华大学并被录取。刚满20岁的龙康侯从清华大学毕业后，到上海交通大学任助教。中学时代，龙康侯就产生了学习化学的兴趣。而清华园优越的学习环境，特别是老一辈化学家张子

图1 龙康侯雕塑

高、高崇熙、萨本铁、黄子卿、李运华等的榜样作用,使他坚定了献身化学研究的志向,立志要在事业上有所成就。

大学毕业后,为了准备去德国留学,龙康侯在工作之余挤出时间、花高价去补习德语。1934年获得湖南省政府公费出国留学的名额,到德国继续深造。初到德国,他进入法本公司的颜料工厂实习。当时有企业希望擅长外语的龙康侯早日回国,当洋行买办,然而他并不领受这份"美意"。不久,他转到自己仰慕已久的早期德国有机化学灿烂鼎盛的中心——慕尼黑大学化学系。在维兰德教授的指导下,龙康侯在有机元素分析方面受到极为严格的训练,同时补习了放射化学和胶体化学等课程。1935 年11 月,龙康侯参加全德各大化学系联合主办的第二次会考,获得优异成绩,并取得攻读博士学位的资格。接着,他转到柏林大学,在德国高分子化学权威赫斯教授的指导下开展博士学位论文的研究工作。他利用化学方法结合物理方法测定淀粉分子的结构,发现了保护淀粉分子不致分解的途径。当时对淀粉的结构尚有争议，龙康侯的两篇论文《三甲基淀粉》和《用端基测定法以确定淀粉的结构》，对确定淀粉的结构作出了重要贡献。正是基于这样的研究成果，他的博士学位论文被评为最优等级。

龙康侯的妻子是国民党政要的女儿，结婚时的证婚人是陈立夫。国民党败退台湾的时候，很多人诱惑他到台湾去，但是他坚决不去。

龙康侯在长达60余年的教学和研究生涯中，特别是1954年起在中山大学的40年间，对我国的有机化学包括陆上以及海洋天然产物化学研究作出了巨大的贡献。1956年，在周恩来总理的直接关怀下，他参与制定国家十二年科技规划，并被国务院聘为中国科学院化学部有机化学专业组成员。他选择的主攻方向，为油页岩的开发利用提供了科学依据。

龙康侯和他的有机化学研究团队一直把关注国计民生的需要和理论研究有机地结合起来。20世纪60年代，天然薄荷油是我国的出口资源之一，他的团队曾合成了其核心成分薄荷醇，并对消旋体成功地进行了拆分。20世纪70年代末，面对甘蔗消费导致的蔗渣影响环境的问题，他编著了《呋喃化合物化学》，把甘蔗渣变废为宝。

龙康侯作为天然有机化学研究室的学术带头人，他在总结过去工作的基础上，选择了南海海洋天然产物作为研究方向，从化学或药理方面进行研究，从海洋生物中发现新成分、寻找新药物。在国外，近二三十年来对海洋生物化学成分已进行了广泛的研究；而在国内，当时几乎无人问津，属于开拓性工作。龙康侯带领研究室人员和研究生首先开展珊瑚化学成分的研究（图2）。十几年来，他们系统地研究了从海南陵水、崖县和广东湛江附近海域采集到的数十种软珊瑚和柳珊瑚，用现代分离、测试技术，发现了大批新的化合物，确定了它们的结构及生理活性，有关论文分别发表于《美国化学会志》《中国科学》《化学学报》等杂志上。所发现的新化合物中，从软珊瑚中分离出的一些化合物具有治疗心血管病的作用，从柳珊瑚中分离出的化合物的强烈生理活性与独特结构，吸引了国际上同行研究合成。

龙康侯领导的南海海洋天然产物研究工作所取得的成果，已经跻身于该领域的世界前沿，引起了国内外同行的广泛重视，并给予高度评价。美国康奈尔大学著名分子结

图2　龙康侯先生与珊瑚样品

构专家克拉迪教授和加利福尼亚大学圣地亚哥分校费尼科教授认为，这些成果是对海洋天然产物化学的重要贡献；当时联邦德国的《天然有机物化学进展》认为柳珊瑚酸的发现是近年来海洋天然产物化学进展的实例之一。

龙康侯曾多次应邀参加国际学术会议。1986年2月，他受邀参加第六次戈登海洋天然产物化学学术交流会并作大会报告《中国南海珊瑚中一些生物活性代谢物的研究》。此次学术会议共有15个国家和地区的150位代表参加，龙康侯的报告得到与会学者的好评。回国后，龙康侯收到会议主席费尼科教授来函，表示愿与中山大学天然有机物研究室建立合作关系；利物浦大学的哥德博士，美国国立癌症研究所天然物分部主任萨福尼斯博士，日本海洋化学家平田义正，美国波士顿大学、俄克拉荷马大学，中国香港中文大学生物化学系，苏联、联邦德国、法国、澳大利亚、南斯拉夫、匈牙利以及国内的许多单位都来联系和交流。

龙康侯在中山大学先后担任有机化学教研室主任、天然有机物

研究室主任、化学系主任、中山大学校务委员及学术委员会委员等职务。他学术思想活跃，始终以锐利的科学眼光注视着国内外以及本单位科学发展的动向，积极参加各种社会学术活动，兼任多个学术团体职务，如广东省化学会副理事长、中国药学会广东分会顾问等。

龙康侯从20世纪60年代开始培养研究生，先后讲授过有机化学、有机合成、化学文献、生物化学、药物化学、毒物化学等多门课程。1981年我国实施学位制之后，他是国务院首批批准的博士研究生导师，培养了大批优秀的硕士和博士研究生。他所培养的化学人才有许多在实际工作中成为业务骨干和学术带头人。

龙康侯基础坚实，学识渊博，通晓多国语言文字，治学态度严谨。他对学生既要求严格，又热情关心，认真指导，诲人不倦。学生曾汉民教授（曾担任国家"863"新材料领域第一届首席科学家、中山大学校长）撰文回忆道："龙教授讲课由浅入深，注重启发，重点突出，条理清晰而语句严谨。黑板上的汉字写得端正有力，如同一位书法家。"对于一般的问题，龙康侯大胆放手让学生在实际工作中得到锻炼，但对学生作出的设计方案、论文初稿等都认真审阅和修改，严格把关。1992年，时任中山大学校长的曾汉民教授，专程给龙康侯庆贺八十寿诞，感谢老师昔日的培养之恩（图3）。

2009年11月21日，龙康侯铜像在中山大学化学楼落成。2012年12月16日，"龙康侯先生诞辰100周年纪念暨海洋天然产物和有机化学论坛"在中山大学化学与化学工程学院举行，徐安龙副校长在致辞中指出，要学习龙康侯正义、爱国、对科学执着、勇于探索的精神，并希望中山大学的学生要继承龙康侯的原创精神。黎孟枫副校长出席论坛，并为获得"龙康侯奖学金"的学生颁奖。

图3 曾汉民贺龙康侯公八十大寿

> 人物
> 档案

龙康侯（1912—1994），有机化学家、教育家。1932年毕业于清华大学化学系。1938年获德国柏林大学理学博士学位。曾任包括中山大学在内的国内多所大学教授，长期从事有机化学教育和科学研究工作，培育了大批化学人才。他对中国南海珊瑚类生物的化学成分进行了系统的研究，至1991年已发现50多个新化合物，测定了它们的结构并进行了药理试验，发现有些结构独特，具有强烈的生理活性，颇有应用前景。同时，他也是中国南海海洋天然物化学研究的开拓者。有《萜类化学》《呋喃化合物化学》《海洋天然产物化学》等专著传世。

高分子学界泰斗林尚安

李嘉丽

> **人物格言**

做人，就要抓住两个字，一个字是"平"，平凡、平和、平实、平心静气、平易近人、平顺、平淡，你什么事都看淡你就平安。还有一个字就是"诚"，诚实、诚恳、诚心、诚信、诚挚、诚朴……抓住这两个字，心就坦然。

——林尚安

> **人物风采**

在中山大学广州校区南校园550号化学与化学工程学院北楼，敬置着林尚安院士2.1米高的汉白玉雕像（图1）。林尚安是我国著名化学家和教育家，他极大地丰富了烯烃配位聚合理论，美、日、德等国的著名高分子专家盛赞他在这方面的基础研究已达到国际前沿水平。

1924年，福建永定的振成楼装修完成，时任民国议员的林逊之一家迁入新居。该楼由林逊之亲自设计建造，如今成为世界文化遗产。6月，一个新生命呱呱坠地，他就是林逊之的嫡长孙林尚安。1928年，林逊之一家人去厦门，林逊之在胡文虎、胡文豹兄弟的厦门"永安堂"当经理。

林尚安的父亲林霭民，字瑞章，是林逊之长子，擅诗文，工书法，

图 1　林尚安雕塑

育两子两女：尚宁、尚安，茉莉、桂芳。1929 年 1 月 15 日，胡文虎兄弟在新加坡创办《星洲日报》。林霭民受聘到《星洲日报》社工作，1935 年任《星洲日报》社总经理（社长）。林尚安兄妹随父迁居新加坡。

林家重视对子女的中国传统文化教育。为方便子女的生活和学习，林尚安兄妹回到厦门，跟随祖父母在鼓浪屿上学，住在鼓浪屿黄鹤楼。林尚安在英华书院念初中，他自幼聪慧，学习成绩一直名列榜首。

1937 年，林尚安入读广东大埔中学，对化学产生了浓厚的兴趣。1942 年考入厦门大学化学系，师从著名化学家、曾任中国科学院院长的卢嘉锡教授和蔡启瑞教授。当时学校不时遭到日军战机轰炸，学生们在艰苦危险的环境下仍然发奋求学。林尚安后来回忆，这一时期对他的一生影响至深，在学术领域中坚韧、刻苦的习惯已在那时打下了基础。

1952 年，全国院系调整，中山大学迁入康乐园，与岭南大学及其他院校的文理科合并,组成新的中山大学。从此,林尚安在中山大学开始了长达57年的教学科研生活,为中山大学高分子学科的建设和发展作出重要的贡献。

林尚安坚持在第一线指导研究生,多年来,他培养出博士研究生29名、硕士研究生46名。

林尚安严格要求学生,"夹着尾巴做人","诚诚实实做科研,不造假数据"。林尚安这些话影响了不少学生,学生回忆起他时,最常说的就是"严谨""低调"。学生们回忆,做论文开题时,林尚安一遍遍修改,指出不足——从实验数据到文字表述,连标点符号都要细细订正,有时修改的版本达9份之多。甚至还有女学生为教授严谨到苛刻的态度偷偷哭过。

林尚安每周与学生进行一次讨论。这是一项铁规矩,即使林尚安身体不适,也不曾打乱或间断,除非出差在外。每次讨论,学生需要事先做足功课,包括从文献的查阅到研究方案的制订等诸多方面。坚持几年的这种训练,对学生们日后的研究或其他工作,都起着示范和指导作用。

林尚安无论对待研究还是其他事情,都一丝不苟,哪怕一个字符、一个标点都要反复斟酌。"记得我第一次投稿到国外知名期刊 Macromolecular Rapid Communications,老师强调要用最好的打印纸本(那时还未用电子版本投稿)投寄,要让国外同行感觉出中国人做事一样认真。"一位学生回忆道,"有位同窗的一篇论文经老师修改四次,已然获得认可,随即寄出,老师硬是让学生召回稿件,继续审阅,这让我等学生对老师认真和严谨的作风佩服不已。"毕业前填写相关归档材料,林尚安给学生们提供最好的笔用来书写,对每一份材料都要仔细查看,不允许有任何马虎或潦草之处。林尚安说:"这些材料将伴随你们一生,这是我要求你们以学生身份所做的最后的事情,走出学校就靠你们自己了,一定要养成好习惯。"

林尚安的弟子欧阳巍博士回忆：他在恩师指导下学习和工作近10年，印象里高分子所像大家庭，恩师就好像这个大家庭中的大家长，他教导弟子、关心弟子、帮助弟子，为研究所的发展和学生们的成长倾注了全部心血。那时先生已经年过70，但几乎天天都要来实验室，指导弟子做研究，帮助解决问题。也就是在三楼的那间简陋的办公室里，他老人家就坐在那张硬木制成的椅子上和弟子交谈，不厌其烦地教导、回答问题。林尚安既教科学知识，也教做人道理；既解答学生在学习工作中的问题，也为学生解开生活中的困惑。先生常常教导：做任何事情都要踏踏实实，一丝不苟；做科学研究，要静得下心来，要能抵抗得住外面的诱惑，只有沉得下心来，才能钻研得进去；要热爱祖国，把祖国时时刻刻记在心上，尤其是科学工作者，要记住是祖国养育了你、培养了你；不要问国家给了你什么，而要常常问问自己为国家做了什么。这些至理名言一直铭刻在欧阳巍博士的心中，时刻伴随着他的工作学习和生活，令他受益无穷。

2000年入学的沈志刚，师从林尚安攻读博士学位。他到中山大学后发现，林老师生活上平易近人，工作上则一丝不苟。原以为院士任务繁重，指点学生也许偶尔为之，没想到从开题、试验方案制定到阶段总结、论文答辩，林老师都全程认真参与。对于沈志刚要发表的论文，林老师至少会认真修改两三次，而且尽量在最短的时间内作出答复。一位80岁的老人，花费如此精力修改学生论文，那些用红笔修改过的几篇初稿，沈志刚精心收藏着，视为一笔无形的财富。

与林尚安晚年相处时间较多的博士生、现中山大学化学与化学工程学院教授祝方明回忆，对学术领域的不正之风，林先生极少当面评价，却心如明镜，最常说的一句话是："签了我的名就要负责任。"

2002年9月，陈晓丽刚进中山大学，导师林尚安就送给她两个字——"诚信"，告诉她"诚实乃做人之本，守信乃立事之根"。在科研工作中，态度一定要严谨，绝不能有半点马虎，一是一，二是二，不能有丝毫的虚假；在生活中，做事要有原则，诚信待人，这是立足社会的第一准则。陈晓丽一直谨记林老师的教诲，工作、生活中，时时、事事诚实守信。有一次，林老师审阅陈晓丽的论文，觉得有些地方需要商榷，就约她到实验室讨论。突然，天降大雨，就在陈晓丽以为林老师不会来实验室的时候，一楼的大门传来开门声，林老师一手拿伞，一手拿着论文走了进来。陈晓丽的眼睛霎时模糊了，不惧雨大路滑、老迈年高，林老师心中，学生就是他的一切，守信就是他的承诺。

林尚安先后承担数十项国家自然科学基金重大、重点和面上项目，获得国家自然科学奖1项、教育部科技奖3项、广东省高校科技成果奖5项。在聚烯烃的化学改性、功能高分子膜材料的研究方面，他提出了合成有发展前景的功能高分子富氧膜的新构思。他开展的国家"863"计划的"人工种子的高分子种皮研究"的成果，是新颖性和创造性的高科技成就，获得国家"863"计划生物工程技术专家组的好评。

林尚安教学、研讨、交流并重：1982年主办全国高等学校高分子化学与物理教学讨论班，1986年主办全国高等院校高分子科学学术讨论会，1991年主办中日双边高分子科学与材料学术报告会；他10余次应邀参加国际学术会议，赢得了国际声誉。

2013年11月12日，林尚安院士雕像揭幕仪式在当年林尚安最早建立高分子教研室的中山大学康乐园化学北楼举行。中国科学院院士苏锵教授，中国科学院院士计亮年教授，原广东省政协副主席、中山大学化学与化学工程学院张展霞教授，原福建省人大常务委员会副主任、中山大学化学与化学工程学院康北笙教授，中山大学副校长李善民教授等出席揭幕仪式。

人物档案

林尚安(1924—2009),福建永定人。中国科学院院士,在国内外高分子学术界享有盛誉。1946年毕业于厦门大学化学系,1950年获岭南大学化学硕士学位。一直在中山大学任教,1993年当选为中国科学院(化学部)学部委员(院士)。历任中山大学化学系主任、中山大学高分子研究所所长等职。其领衔编写的《高分子化学》(1960年版)长期以来作为我国高分子学科教学的经典教材。曾担任中国化学会常务理事兼高分子委员会副主任委员,广东省化学会理事长,国务院学位委员会、国家自然科学基金委员会、中国科学院科学基金委员会、国家教委科技委员会化学评审组成员,国家教委《高等学校化学学报》《高分子学报》编委。

著名光谱物理学家高兆兰

黄佰全

> **人物格言**

讲课是教学过程中最主要的教学环节。讲课的主要内容是理论的讲解和证明，系统地解释该门科学上的重要问题，对理科课程来说，贯彻理论联系实际，尚要举例介绍理论与工业生产技术上有关的问题。为了巩固与加深讲课的效果，必须要求学生阅读适当的教科书和参考书。

——高兆兰

> **人物风采**

在中山大学广州校区南校园激光与光谱学研究所东大厅里，有一座高兆兰教授的雕像（图1）。雕像上的高兆兰慈祥和蔼、神情自然，嘴角有一抹浅浅的微笑，对生活充满着无限的憧憬与希望。高兆兰是中国光学、光谱学的开拓者之一，中山大学光学学科和超快速激光光谱学国家重点实验室创始人。

1914年，高兆兰出生于昆明的一户大户人家。她说："我虽然生长在封建社会的封建家庭，可是祖辈对新思想的接纳让我得以在男女平等的环境中成长。"

16岁陪姐姐逃婚的高兆兰进入岭南大学，因为语言不通而被安排到预科。由于各科成绩优异，她直接跳级读大二。大学期间巾

图 1　高兆兰雕塑

帼不让须眉,高兆兰拿了三把"金钥匙"(即当年学科成绩最优者)。以至于后来同学聚会,高兆兰的同学们开玩笑说:"我们的学分都被你一个人拿光了!"1934 年,20 岁的高兆兰获得岭南大学物理学学士学位,1936 年获得硕士学位。高兆兰学高为师,执教岭大。

1940 年,高兆兰获得东方妇女奖学金即巴伯奖学金,她漂洋过海,到美国密歇根大学研究生院物理系深造。在密歇根大学攻读博士学位,要求掌握两门外语。高兆兰本就掌握了标准的英式英语,但是在母语为英语的美国,高兆兰这个在国内的优势瞬间没有了,她决定再学德语。在闲暇的时候,高兆兰总会拿出单词卡来背诵单词。1944 年,高兆兰凭借优秀论文《二氟甲烷与三氟甲烷的红外线吸收光谱研究》获得物理学博士学位,入选西格马·克西和斐贝塔·卡帕两个美国著名的荣誉学会。毕业后,高兆兰受到美国锐提安公司的聘请,在其研究部工作。

抗日战争胜利后，高兆兰回到祖国，实现了她当初出国深造时在出国申请表上填写的"学成归国"的想法。回国后，高兆兰在岭南大学物理系担任副教授、教授。1952年，全国院系大调整，她转入中山大学物理系任教。

在中山大学任教期间，高兆兰投身于光谱学专业的工作，致力于研制发射光谱及喇曼散射光谱光电技术设备。1962年，高兆兰在中山大学创建我国最早的红外线光谱学研究实验室之一。20世纪70年代，高兆兰指导研制氮分子激光器和可调脉冲染料激光器，参加1978年的全国科技大会展览，获得国家首次科学大会奖励。该业绩作为我国在激光领域研究中的开创性工作，被编写进《中国激光史概要》。高兆兰是激光光谱研究领域的倡导者和组织者之一。1978年，教育部决定，委托高兆兰主持全国第一个激光光谱学高级研讨班。1980年，高兆兰受教育部委托，组织中山大学和天津大学组成了"中国微微秒激光代表团"，代表中国出席在美国波士顿举行的"国际微微秒现场会议"。在此之后的10年里，全国高校里，只有中山大学的论文代表中国高校参加该领域的国际会议。高兆兰以其丰富的学科知识、前沿的学科研究方向判断，使得中山大学光学学科迅速发展，跻身全国高校最前沿的学科之一。1979年和1981年，中山大学光学专业分别成为中国的首批硕士点和首批博士点；1984年，中山大学超快速激光光谱学实验室创建为我国第一批重点实验室之一。1986年，中山大学光学专业博士点更上一层楼，被国家评定为博士后科研流动站。1988年，中山大学光学专业获批成为全国第一批国家重点学科点。至今，无论高兆兰教过的学生，还是她身边的同事，都敬称她"高先生"。

学生用一个故事，讲述高兆兰的英语棒到何等程度。有一次学生陪高兆兰去北京开国际会议，在北京友谊商店附近，有个外国人在地摊前要买一个小女孩的书，但是双方比划了半天都没搞清楚。高

兆兰发现后,对那个外国人说,你是不是要买这本书?并告诉他,给多少钱就行了。那个外国人立刻问:你是英国人?高兆兰说,我是云南昆明的,我的同事可以证明。那人说,你别骗我,我是密歇根大学语言学教授,我拿过英语语言学"金钥匙",你骗不了我,你的口音是标准牛津腔。

弟子余振新教授回忆:"高先生教我学英文,还是在'文化大革命'期间。那个时候没有人敢学英语,一不小心就会被人说是'里通外国'。广州毗邻香港,是进出中国的唯一门户。那个年代外国人来中国参观,肯定会被安排到我们激光物理实验室来。而给各国政要参观的,广州只有中山大学,中大开放的只有激光物理实验室,因为这在国际上都是前沿学科,而且在长江以南就只有我们搞。而在实验室里,接待外宾时的很多对话,国家翻译有时都未必能讲准。由于实验室经常有外国人来参观,当时几乎是唯一对外开放的单位,非得开口说英语不可。形势所迫,故决定向高先生学英文。而她的教授办法也很妙。我是她的学术助手,我们经常同在一个实验室。她让我把每天的实验研究情况向她汇报,时间定在中午12点开始,持续到约下午1点钟,一般人都回家吃饭的时候。而汇报的内容,她要求我说英文。只有那些我实在想不出英文该怎么表达的时候,才准用中文。除了用口语向她汇报实验结果,她还让我写英文日记给她看。我很珍惜这些英语作业。"

弟子黄本立院士回忆:"1945年到1949年师从高教授期间,高兆兰教授把她从美国带回来的、在当时还相当珍贵的彩色幻灯片胶卷给我们做实验,和我一起把胶卷冲洗出来。她还鼓励我们组织了一个课余摄影小组。"黄院士在给高兆兰教授从教60周年的贺信中写道:"您不但授我以知识,而且还教我怎样做人","你那一贯严以律己、宽以待人、治学严谨、锲而不舍的精神,永远是我学习的楷模"。

高兆兰的学生、广东省原省长卢瑞华说:"高教授是一本'活字典',请教她一个问题,她不仅仔细严谨地为我解答,还会文字回复,附上参考文献。""她传授给我的知识,感染于我的精神,一直成为我工作的力量。"

纵观高兆兰在中山大学的学术人生,她创造了诸多第一:20世纪50年代初,她创建了新中国第一个光学光谱学专门化教研室,并一直主持光学教研室的工作;60年代初,创建了全国第一个红外线光谱学研究实验室;70年代,直接指导研制成功我国第一台氮分子激光器、第一台可调脉冲染料激光器,并主持举办了全国第一次激光光谱学高级研讨班;80年代初,高兆兰被批准为第一批博士生导师,在她的领导下,中山大学物理系、激光和光谱学研究所建立了我国第一批硕士点、博士点和博士后流动站、国家重点实验室和国家重点学科。1983年,高兆兰培养出了新中国第一位光学博士。中山大学在相关领域的研究至今仍走在全国乃至世界前列。

1994年3月19日,高兆兰从事教育与科研60周年,中山大学和广东省科学技术协会为她举办庆祝会。人们在会议上赞扬高兆兰对学术研究作出了巨大贡献。她说:"省长一个省只有一个,科学家、院士只是少数,我的学生很多,看到他们在各自的工作岗位上作出开拓性的成绩,我感到无限欣慰。大家的进步和成就就是赠送给我最珍贵的礼物。人生的愿望和价值不在于得到多少或者获得什么,重要的是给予了什么,奉献了多少。"

2014年11月2日,作为中山大学90周年庆典内容之一,高兆兰教授诞辰100周年学术研讨会举行,高兆兰雕像入驻中山大学激光楼东大厅。雕像后面墙壁上悬挂的那副对联,由刘修婉校友用篆体书写。乍看只有上下联,缺少横批。仔细品味,会发现撰联者匠心独运。篆体书法作品有别于其他书体的特点之一,就是书写者书写前心境的营造。沐浴、更衣、斋戒三日,择清静之室、焚清香,进入虔诚的心境,研墨、展纸,凝神静气,以心力而就。上联"高风送爽日华星辉上天赐兆",下联"师恩留芳道德学问九畹滋兰",巧妙地把横批安排为对联头尾四字,即"高师兆兰"。

人物档案

高兆兰(1914—1999),云南昆明人。我国著名的光谱物理学家,中国光学、光谱学的开拓者之一。获岭南大学学士学位、硕士学位,获美国密歇根大学博士学位,任教于岭南大学。1952年起,一直任教于中山大学物理系。1983年受聘担任教育部光学与激光学科15年发展规划组组长。曾任中国物理学会广东省分会第三届理事长,中国光学学会第一届副理事长,广东省科学技术协会副主席。第三届全国人大代表,第五、六、七届全国政协委员。获全国三八红旗手称号。著有《原子光谱与原子结构》《分子光谱与分子结构》。

岭南大学首任华人校长钟荣光

王钰杰

人物格言

孔、佛、耶、回,有教无类;亚、欧、非、美,天下一家。

——钟荣光

人物风采

在中山大学广州校区南校园西北区 576 号伍舜德图书馆的一楼岭南学院院史馆门前,并排矗立着三尊汉白玉雕像。其中,左数第一尊雕塑面貌清癯,双目含笑,他就是岭南大学第一任华人校长、"岭大之父"钟荣光(图1)。钟荣光一表人才,身材修长,心慈口讷,言谈间常辅以手势,夹带英语。他喜穿笔挺西装,结整洁领带,头戴巴拿马帽,手执行杖,佩戴眼镜。外出乘坐公共交通工具,或以步代车。炎热时节,汗巾拭面,挥帽扇凉。

钟荣光的一生充满传奇色彩。他生于广东中山,与孙中山同年同乡。16 岁中秀才,28 岁中举人,是科举考场的佼佼者。那时,中华大地内忧外患,他满腔热血却报国无门,因而消沉过、颓废过。

1896 年,钟荣光加入兴中会,他一改前态,剪辫易服,与清廷决裂,积极从事革命活动。他认为救国宜开民智,鼓吹爱国思想,给《课艺日新报》《文坛报》等撰稿;又与人办报,发表许多抨击朝政、切中时弊的文章。1899 年,钟荣光对基督教教义发生兴趣,接受洗

图1 钟荣光雕塑

礼入教。于基督教教义之中,他撷取平等、博爱等理念,结合儒家的"大同"古训,教书育人,并且身体力行。他深感要救国救民,非学西方先进科学不可,决心转而从事教育事业。同年,钟荣光受聘于美国人开办的格致书院(岭南大学前身)任汉文教习。自此,他一生为岭南大学鞠躬尽瘁。同时,他随第二届预备班(中学)学习英文、算学和自然科学,1905年毕业。

岭南大学从创办到并入中山大学,先后有过5个名字:1888年格致书院、1900年岭南学堂、1912年岭南学校、1918年岭南大学、1927年私立岭南大学。

钟荣光对岭南大学的贡献主要有两大方面:一是实现岭南大学教育权从教会控制到中国人自办的渐进式流转;二是足迹遍及全球,筹款办学,使岭南大学成为国内社会办学的先驱。

岭南大学创办初期,哈巴与香便文两位牧师宣布办校宗旨"乃造就教育人才,从事牧师、教员、医生以及其他人生历程之使命,用以传授西方科学、医学以及宗教"。钟荣光认为:"吾家子弟何可全靠邻人教育,吾国土地岂可交与外国管辖。"在收回岭南大学教育权的问题上,钟荣光将此工作分为三个时期:第一期,国人应参与教务,供给意见,相助为理;第二期,国人应有实际之担负,筹措一部分经费;第三期,应勉力自立,使主权属诸国人。对于收回岭南大学教育权的具体步骤,他认为,收回岭南大学之第一步,即今岭南农科大学,进而收回岭南大学之教育科、商科,更进而收回岭南大学全校。

1927年8月1日,收回岭南大学教育权,更名为"私立岭南大学",以新成立的校董会为岭南大学的最高行政机关。钟荣光作为新校董会主席兼校长,在会上指出,接收本校的原因是:"(一)尊重本国政府教育法令;(二)顺应中国民族运动潮流……"表示希望旧董事局改名基金会后,将来为友谊上之助力。并宣布接收后之方针:"(一)最低限度要维持现在之成绩;(二)保存基督教牺牲服务精神;(三)一切科学注重实用;(四)实行学生工读制度;(五)施行农村教育,以加惠农民。"

在此期间,钟荣光足迹几乎遍布全球,为学校募集发展款项。当时,办教育的一大难题就是经费问题,而在这方面,钟荣光却有着超乎常人的能力。葛理佩曾赞美他的劝捐能力,说"钟荣光能掘土为金"。1908年,钟荣光任岭南学堂中国教务长。学校用纽约董事局的捐款建成马丁堂,是康乐园第一座永久建筑。钟荣光深知一味依赖外款办学不是长久之计。1909年,钟荣光开始出洋向海外华侨募捐。1915年,他在北美各城市发起成立岭南共进会,每年由入会华侨认捐。总会设于美国纽约,分会遍布美国和加拿大的36个城市。1916—1918年,华侨捐款12100美元。1925年,钟荣光出访厄瓜多尔、秘鲁、智利、阿根廷、巴西、古巴、美国等国,向华侨募集办学经费。据统计,历年来海外华侨先后向岭南大学捐款达120多万元。

钟荣光20年辛苦奔波,换来的是岭南大学内10多栋美轮美奂

的建筑：四座中学生寄宿舍，以及张弼士堂、爪哇堂、陈嘉庚纪念堂、陆佑堂、十友堂、马应彪招待所、马应彪夫人护养院等。这些中西合璧、红墙绿瓦的楼宇，凝聚着钟荣光的心血。岭南大学成为当时广东最堂皇秀丽的花园式学校，也是主要靠中国人自己的力量建设起来的华南第一所大学。

钟荣光以开放自由的教育思想和办学理念，让岭南大学成为中国最早的完备大学之一，集小学、中学、大学于一体。钟荣光重视学以致用，强调教育不能脱离中国的社会现实，他从培养人才、重视实用出发，进行学科扩充。岭南大学最初只办了文学院和理学院，而且只想办这两个学院。钟荣光坚持把农学院办了起来，后来办了工学院、商学院、医学院和神学院，使岭南大学拥有6个学院、30个系、400多种科目，并在香港、上海、海南，以及新加坡、越南西贡等地设立分校，成为南中国较大规模的多学科综合大学，具有很强的实力和影响力。

钟荣光将发展教育和国家命运结合起来。他有感于中国以农立国，而农业落后、粮食不能自给的现状，认为欲求中国富强，非急谋农业之改进不可，因此筹办岭南农科大学。这一想法得到时任广东省教育行政委员会委员长陈独秀的认同，还得到孙中山和军政府财政部部长廖仲恺的大力支持。1929年，他在十友堂致辞中说："中国一百人当中有八十五人为农，可知中国真是以农立国。或者谓农院学生人数过少，须知小学学生才以量计，但大专学生则应以质计。纵使农院每年只造成专材五名，十年亦得五十名。但以五十人同心合力，亦可使一省之农业改观。"农学院不仅为国家培养了一批专家教授和科研骨干，而且在为华南农民改良稻种、推广瓜果优良品种和农产品加工等方面作出了贡献。

"北有蔡元培，南有钟荣光"，这是民国时期中国教育界流传的一句话，同为举人出身的蔡元培和钟荣光承担起中国传统教育向现代教育转变的历史重任。以基督徒身份而为中国著名大学校长,钟荣光不是唯一,却是第一。钟荣光管理岭南大学时坚持社会办学、国人办学的道路,扭转办学经济来源依靠教会的局面,努力寻求各界募捐和政府资助。

举人出身的钟荣光,学贯中西。他重视对外交流,任广东军政府教育司司长期间,曾派女生出洋留学。任岭南大学校长期间,实施了与外国学校交换学生的计划。

岭南大学建校之初,便开创了我国教育史上男女同校的先河,而且男女学生全部寄宿学校。当时,岭南大学只有六七名女学生,故而没有安排宿舍,钟荣光就拨出自家的两间房间给她们寄宿。外界有所非议,他却我行我素,视学生如子女。16年后的1920年,北京大学才开始招收女生。

岭南大学重视体育,规定学生每日下午必须在户外运动一小时,由散步以至剧烈运动。附属中学的学生生活实行军事化管理,晨夕必有体操。学生军的编制、操法、号令均按美国的《陆军操典》实施。大学生建立"义勇队",颁发新式来复枪,操演训练与陆军无异。

钟荣光在岭南大学1927年开学典礼讲话中指出:大学不是一地的学校,也不是一国的学校,而是世界的学校。他希望岭南大学能发展为具有世界包容度的大学,网罗世界各地的优秀学子,而不仅局限于广东或中国。他办学面向港澳,以及南洋、美洲的华侨。20世纪初,海外华侨都希望自己的子弟受到祖国的教育,钟荣光抓住了华侨的这种心理。岭南大学招收学生从小学一年级开始,每个班有自己的食堂,有一个专门负责管理的教师和一个保姆,从学习到生活,学校完全负责。家长把孩子送来,除了向学校交学费、膳宿等费用外,还需交一笔生活费给学校,看病、添置衣服等都由学校代办,每个学期将成绩单、账目单一同寄给家长。这个办法受到很多华侨的欢迎,岭南大学也因此颇具声名。钟荣光劝捐建校舍,得到了华侨的大力支持。

钟荣光为岭南大学尽瘁一生,70岁时他自撰挽联:"三十年科举沉迷,自从知罪悔改以来,革过命,无党勋,作过官,无政绩,留过学,无文凭,才力总后人,惟一事工,尽瘁岭南至死;两半球舟车习惯,但以任务完成为乐,不私财,有日用,不养子,有徒众,不求名,有记述,灵魂乃真我,几多磨炼,荣归基督永生。"

钟荣光担任校长的10年,是岭南大学发展的黄金10年。

人物档案

钟荣光(1866—1942),字惺可,广东中山人。著名教育家,岭南大学首任华人校长。历任广东军政府教育司司长、国民党纽约支部长、广东省教育会副会长、国民政府教育行政委员、华侨教育委员会常委、侨务局长。1894年中举人,1896年入兴中会。创办《博闻报》《安雅报》《可报》《民气报》等报刊宣传革命。1899年受聘为格致书院(岭南大学前身)汉文教习。后出任岭南学堂教务长、私立岭南大学董事会主席、岭南大学校长。创办岭南农科大学和岭南大学工学院、商学院、孙逸仙医学院。著有《广东人之广东》。

带领岭南大学渡过民族危亡岁月的李应林

王钰杰

人物格言

即使赤手空拳,也要维护母校的存在。

——李应林

人物风采

在中山大学广州校区南校园西北区576号伍舜德图书馆一楼岭南学院院史馆门前,并排矗立着三尊岭南大学华人校长的汉白玉雕像。中间的这一尊面容凝重,眉头紧锁,双唇紧闭,微微抬头凝视远方,深陷的双眼透着忧虑的目光,散发着庄严的气息。他就是岭南大学第二任华人校长李应林(图1)。

李应林与岭南大学的故事,要从他的青年时代谈起。李应林生于广东南海,早年丧父,后随长兄到澳门,就读于蒙学私塾,几年后考入岭南学堂,因家中清贫,便以工读生的身份自力更生,坚持学业。由于李应林秉性刚直,心思缜密,处事认真,勇于任事,富有实干精神,入校不久,便得"牛林"的绰号。正是这种"牛"性格,李应林在校期间便已名声大噪,做出了很多"牛事"。他在体育方面有特异的成就,是当时学校的足球、篮球健将,尤为难得的是,在生活的方方面面,李应林对同学们都十分热心尽责。他的这种服务精神使其深受同学们的信任与依赖,两三年间,即一跃成为学生领袖,同时

图1 李应林雕塑

身兼青年会、自治会、治食会会长及体育会总干事等职。过人的才识、远大的抱负以及在校期间积累的威信和人脉,对李应林后来接手岭南大学起到了至关重要的作用。

李应林具有非常强烈的民族责任感和使命感。"一战"结束,1919年,我国在巴黎和会上外交失利,李应林随即用英文撰写《论胶州问题》并发表,纠正国际上的错误观念。"五卅惨案"发生后,李应林积极宣传抵制日货;"沙基惨案"发生后,李应林亲自到现场搜集罪证,写成《六月廿三》一书,译成英文分送各国,揭露英法帝国主义屠杀中国平民的罪行;省港工人大罢工期间,李应林多次在罢工工人间进行宣讲,支持罢工运动。

在岭南大学收归国人自办这件事上,李应林在参加岭南大学同学会时,向岭南大学董事会建议增加中国人名额。经过商议,董事会同意先行组建同学顾问部,规划一切。1926年,顾问部要求董事局承认岭南大学为基督教的、国际的、私立的、中国人主办的大学。后经过商定，先在国内组建校董会，由顾问部代表全体同学选出了钟荣光等19人为校董。1927年1月，校董会聘任钟荣光为校长、李应林为副校长。

1930年，受到新近回国的"新博士派"的排挤，李应林再度赴美，入哥伦比亚大学进修。翌年回国后，重任广州青年会总干事，为青年会筹募兴建学校大楼的经费。"九一八事变"后，他在广州发表"对日研究，反日侵略"公开演说，积极进行抗日宣传活动，同时大量翻印《田中奏折》分赠各界，揭露日本侵华野心。

1938年，美国岭南大学基金会（以下简称"美基会"）操纵校董会改选钟荣光为名誉校长，李应林接任校长之职。实施这招"抬李压钟"，美国人妄想李应林会听命于他们，然而这样的幻想很快破灭了。也许和李应林青年时代作为工读生自力更生的经历有关，在岭南大学的发展上，李应林坚持"自力更生"，不愿依附于美国人。李应林任校长期间正值日本全面侵华之际，在这样的艰难岁月中，李应林带领学校几经辗转，数次面临停办的危机，但都顽强地支撑了下来，使岭南大学在战火中巍然挺立，维系了大批青年学生，并在岭南精神中刻下了"奋前莫畏难"的印记。

李应林任岭南大学校长时，日寇轰炸华南，广州陷入混乱，岭南大学经济困难，积欠员工薪金，学生逃避轰炸，学校面临瘫痪。美基会借口经费不足，要求岭南大学停办。出于岭南大学师生利益和民族利益需要，李应林违反美基会的意旨，他一面筹集经费清发欠薪，一面提请校董会支持学校迁港续办。但是校董会态度消极，答复是："李校长若能解决经费问题，大学可迁港续办。"在李应林的坚持和努力下，广州沦陷前夕，岭南大学师生追随李应林到达香港。在港办学十分艰苦，大学办事处借用永安银行办公楼，上课地点借用香港大学校舍。李应林凭借其敏锐的洞察力和高远的政治目光觉察到，随着日本军国主义的扩张，香港危在旦夕。在港停留终究不是长远之计，必须尽快为岭南大学谋退路。1939年，李应林派人到粤北坪石筹办农学院，并率领教职员工多次辗转至坪石，研究岭南大学撤返内地之策。1941年12月香港沦陷。两个月后，李应林率岭南大学师生员工，历经艰险转入内地。

岭南大学向来不参与政治纷争，坚持教育独立。在韶关筹备复校的时候，美基会来电称："美基会只补助农学院经费，大学停办。"这意味着李应林如果坚持办校，必须自筹经费。为此，李应林远赴重庆要求国民政府教育部拨款。当时陈立夫趁机要求岭南大学"国立"以壮大其派系声势。李应林拒绝介入国民党的派系纷争，坚持教育独立，拒绝了陈立夫的无理要求，挺起了岭南大学的脊梁。

李应林民主办大学，每年开学典礼的讲话，都向新来师生强调本校尊重个人思想、信仰、言论和学术研究自由的优良传统，要求他们不要在学校闹事，影响学习。"大学生应该知道各种不同思潮和政见，要给青年人以选择前途的权利。强人盲从，自以为是，到头来落得'小和尚爱老虎'的结果，自己反而当上丑角。"

能够在艰难的战争岁月中顽强挺立，岭南大学靠的不仅是李应林的个人努力，还有"岭南一家亲"的优良校风。正是有着"一家亲"的精神，岭南大学才可以使不同的思想、信仰自由存在，才可以使师生之间、同学之间融洽相处，同心协力。在岭南大学，上下级之间没有架子，师生之间亲切多于尊严，在困难时期同心同德，这些都构成了宝贵的岭南精神。1944年3月，韶关某报发表了一篇岭南大学学生"搬米"的新闻：由于1943年秋韶关米荒，断粮危机时刻威胁着岭南大学师生。当好不容易几经辗转从湖南运回一批米，却因搬运人力不足，又正值阴雨天气，堆放在车站的粮食面临发霉的危机。在李应林"全面动员，能搬多少是多少"的号召下，全校沸腾了起来。男女学生、教授、家属，连小孩也来了；挑的、扛的、背的、拖的、挽的；箩筐、水桶、布袋，凡可以盛载的都拿了出来，小孩也有办法，他们把裤管扎稳,像驮马一样围着颈项搬回去。人群宛如长龙,川流不息;夜间灯火通明,如同白昼;深夜2时许,800多石米全部搬完。这件小事所体现的"岭南一家亲"的精神着实让人感动。

李应林推崇发展体育运动,培养体育精神。抗日战争时期的坪石岭大村,虽然地处山坡,只有数百师生员工,宿舍、课室十分简陋,在这样困难的条件下,岭大人仍然不忘体育运动,他们"自力自造"地搞了两个篮球场和一个排球场,球赛依然不断。李应林还身体力行地组织家庭球队联赛。没有正规的跑道,就在较为宽阔、长不到百米、坡道较缓的主校道举办田径比赛。就是这样,公平竞赛、勇于夺标、快乐体育的精神得到了传承和发展。

李应林一度临危受命,在日寇侵华的烽火岁月中,使"母校屹立,风波不摇",他对岭南精神的继承、发扬、发展所起的作用不可磨灭。

人物档案

李应林(1892—1954),又名琼礼,号笑庵。广东南海人,入读岭南学堂,1914年毕业。后留学美国,获奥柏林大学文学学士学位。回国后历任岭南大学副校长、上海平民福利事业总干事、岭南大学校长、行政院善后救济总署广州分署副署长、广州青年会会长、内政部粤汉水灾救济委员会主席等职,1949年后移居香港。著作有《日本与中国》《第一次世界大战战利品》《游俄观感》《广州劳工状况》《广东情势》《琪兰博士名著》《劳工论》等。

治学掌校的著名教育家陈序经

王钰杰

> **人物格言**

大学的目的，即是求知，人类的文化日进，则人类对于此种求知的兴趣愈浓。大学教育应当依照此种要求而设备，才不失为大学的使命，所以一间称为完备的大学，应当对于各科的设备上应有尽有。

——陈序经

> **人物风采**

在中山大学广州校区南校园西北区576号伍舜德图书馆一楼岭南学院院史馆门前，并排矗立着三尊岭南大学华人校长的汉白玉雕像。右侧的一尊雕像浓眉宽鼻、厚唇大耳。他就是岭南大学第三位华人校长陈序经（图1）。在康乐园里，他给人这样的印象：手里拿着拐杖或雨伞，在绿草红房间若有所思地走着。遇着教职工，他微微点头、笑一笑。发现实验教室水龙头没关好，他贴着窗子，伸进胳膊，尽力用手中的拐杖或雨伞去够龙头，努力尝试着把水关好。之后，拍拍手，满意而去。

1949年6月1日，美籍教师富伦先生给美国岭南基金会的一份报告中，充分肯定陈序经校长的工作业绩。"在他的领导下学校平稳过渡，没有发生任何不满现象。他设法得到中国政府的资助，去年没有发生透支现象，而且还有点结余，以便应付以后可能出现的紧急情

图 1　陈序经雕塑

况。他重新组建了医学院,他的教职工队伍绝对被视为在中国最具实力的。他还加强了其他学院,特别是文学院,吸引了国内外享有盛誉的学者。他增进了校园的学术气氛,在许多方面超过了战前的水平。虽然他不是基督徒,但是他主持工作的学校的基督教目标及特点都得到了广东各教会机构前所未有的信任。他逐步加强了大学的中国人队伍,同美国人一道参与学校的管理与决策。他服从董事会的领导,董事会如今非常信任学校领导班子,而一年前却不是这样。"

陈序经出任岭南大学校长之时,正值解放战争时期,有人提出把岭南大学迁往香港,陈序经坚决反对。中国人民解放军挥师南下的时候,北平有一些名教授和学者由于对中国共产党的政策存在疑虑,纷纷南下广州,准备取道香港前往台湾或国外。就在这个时候,陈序经毫不动摇地坚守岗位,对学校的教学和管理工作进行了一系列的改革,并以自身的爱国行动和礼贤下士的风范,把一批来自北方的名教授和学者延聘到岭南大学任教,说服他们以民族大义为重,留下来报效新中国。由于陈序经在学术界的人格魅力,不少教授和学者留了下来,后来成为新中国成立后广东高校的学科带头人。

杨敬年,1908年生,湖南汨罗人,著名经济学家。1948年9月,杨敬年获英国牛津大学哲学博士学位,乘船到香港。陈序经从报纸上得知后,便托亲戚去找杨敬年,邀其到岭南大学一游,杨敬年在陈序经家住了好多天。陈序经劝杨敬年留在岭南大学教书,说这里的环境比较接近牛津,工资用港币发放,高于国立大学,又安排杨敬年在三所宫殿式楼房之一居住。他劝杨敬年刚回国要多写文章,不要去做官,并出示自己的一尺多厚的各种书稿,说都是他每天4点起床写的。当时,何廉任南开大学代理校长,也千方百计地请杨敬年到南开大学任教。杨敬年回忆说:"到了秋季,马上就要开学了,那时王力在做岭南大学文法学院的院长,冯秉铨是教务长,他们两人来看我,还请我在开学典礼上代表教师讲话,我也讲话了。但学生都等着开课了,我的书还在上海,从英国运到上海的。何廉叫人把我的书扣在上海,说,敬年的书慢点给他寄去。我没书不能开课啊,没办法,只好又回南开了。"

陈序经的父亲陈继美在南洋经商,他把儿子陈序经送回国内读书。陈序经牢记父亲教诲:"学成一不做官,二不到南洋做生意,而是报效祖国。"他考入岭南大学附属中学读初三,在学好课程的同时,担任年级级社社刊《全社》的编辑主任。1925—1928年间,陈序经到美国伊利诺伊大学深造,攻读政治学、社会学,先后获硕士及博士学位。1928年暑假,陈序经受聘岭南大学社会系助理教授,兼授国立中山大学文学院社会学系"文化发展"课程。1929年8月,陈序经携新婚妻子黄素芬赴德国柏林大学、基尔大学留学。1931年6月,再次回岭南大学任教时,他熟练掌握了英语、德语、法语、拉丁语等四种外语。

1933年,陈序经应邀在国立中山大学作《中国文化之出路》的演讲，提出"全盘西化"的主张，引发文化问题大论战。此次论战与后来的乡村建设、教育问题大论战，陈序经共发起三次不同学科领域的论战。

1944年8月，陈序经在西南联大法商学院院长任上，接到美国国务院邀请，到美国讲学1年。期间会晤爱因斯坦，参加太平洋国际学术会议。1945年8月，陈序经从美国讲学回国，在重庆举行的一次酒筵上，国民政府行政院院长宋子文向陈序经打招呼："你从美国回来啦！你对中暹关系和暹罗（泰国旧称）国情很有研究，派你去当暹罗大使，好吗？"陈序经以"矢志教育不改行"为由推辞。此外，还两次婉拒国民政府教育局局长、教育次长等职务。

陈序经1949年出版的《大学教育论文集》，包含《与胡适之先生论教育》《公论耶？私论耶？》《论发展学术的计划》《论国立大学与私立大学》《论留学》《论师范学院》《教育的中国化和现代化》《对于现代大学教育方针的商榷》《对于勒克教授莅粤的回忆与感想》《敬答对于拙作〈对于现代大学教育方针的商榷〉之言论》等有关大学教育的文献。

陈序经说："我这个校长，是为学校、为教授服务的。"1949年，历史学家陈寅恪到岭南大学"避风"，陈序经无微不至地关怀、帮助他。50年代初期，陈寅恪的夫人因家事出走香港。当时陈寅恪双目几乎失明，一切生活事宜全靠夫人料理。陈序经知道后非常着急，为了陈寅恪能安心教学和从事研究工作，他亲自带着陈寅恪的儿女到香港把陈夫人接回学校。

新中国成立后，广州进行肃反，肃反小组接报，在岭南大学的地下室发现枪支，在学校出纳员处发现金条。肃反小组要逮捕出纳员。陈序经挺身而出："他是出纳员，我是校长，要逮捕，应逮捕我！"后来查清楚了：枪支是广州解放前学生军训用的，黄金是美国岭南大学基金会的。陈序经就是这样仗义执言，团结、保护学校的职员。

1952年，全国院系调整，陈序经担任岭南大学并入中山大学的筹备组副组长。完成合并后，陈序经出任中山大学历史系教授，筹办中山大学历史系东南亚研究所，填补我国东南亚史研究的空白。1956年，陈序经担任中山大学副校长。

岭南大学校友、著名国际法学家、中山大学教授端木正先生曾回忆说："梁宗岱是到中山大学之后才认识陈校长的，但有一次我听陈校长聊天，大谈梁宗岱在20世纪30年代初在北京的往事，对梁宗岱读书时在瑞士的轶事也能道其详。更能说出梁的学术造诣何以有过人之处。梁宗岱给人的印象是自大狂，目空一切，但我却听到梁一谈及陈校长则是崇敬有加，并引为知己。梁陈两家50年代在马岗顶住两对面，那时梁家没有电话，就利用陈校长的电话。梁说有时要陈校长亲自跑来传呼电话，真不好意思，言下既有歉意，更富友情。"

陶铸告诉陈序经，50年代有一次到北京开会，周总理问陶铸："广东有一位最善于团结高级知识分子的学者专家，能聘请到一级教授任教的教育家，你知道是谁吗？"因无从回答，陶铸难为情地望着周总理。周总理说："你要向陈序经请教，向他学习一点知人善任的好作风。"陶铸因周总理的问话，后来与陈序经成了很好的朋友。

60年代周扬到广州，听说陈序经完成了200万字的关于东南亚各国史的研究著作，他问陈序经："陈老，你当大学校长这么忙，怎样能研究与写成这么卷帙浩繁的著作呢？你的治学秘诀是什么呢？"陈序经风趣地回答："是在搞学术研究的自留地。"

陈序经教学生应当这样治学："勤与专不可分，非勤难于学成，非专难于精深，一个人的时间精力有限。浅尝即止、杂乱无章、急功近利是不可取的。"

陈序经给子女归纳自己读书的六到：一为口到，二为心到，三为耳到，四为眼到，五为手到，六为脚到（即为实践）。

陈序经的座右铭是："荣生惟有死中得，真乐常从苦中来。"

陈序经学贯中西、学识渊博，在文化学、教育学、社会学、民族学、经济学、历史学、政治学等方面都有很深的造诣，著作等身。1963年，西哈努克亲王访问我国时，曾托人向陈序经索要《扶南史初探——古代柬埔寨与其有关的东南亚诸国史》等书，并说："这是难得的史籍。"

2004年，中山大学80周年校庆之际，学校在南校园东北区319号楼前竖立纪念碑；2012年，88周年校庆之际，经过修缮的陈序经故居举行开放典礼。2014年11月30日，中山大学在蒲园区东北、康乐园教会山岭南大学墓园举行原岭南大学校长陈序经博士及夫人黄素芬女士迁葬礼。

人物档案

陈序经（1903—1967），字怀民，广东文昌县（今属海南省）人。著名的社会学家、教育家和史学家，复旦大学学士，获美国伊利诺伊大学硕士、博士学位。历任西南联合大学法商学院院长、岭南大学校长、中山大学副校长、暨南大学校长、南开大学副校长。著有《新政治》《文化学系统》200多万字，《东南亚古史研究》八种（本）110多万字，《匈奴史稿》近100万字，以及《社会学的起源》《沙南疍民调查报告》《乡村建设运动评议》《疍民的研究》《大学教育论文集》等。广东省政协第一、二、三届常委，全国政协第二、三届委员。

中大医科见证孙中山早年广州学医

崔泰睿

人物格言

以学堂为鼓吹之地,借医术为入世之媒。

——孙中山

人物风采

广州市中山二路74号,是中山大学的广州校区北校园。凡是经过校园南门口的行人,都会看到办公楼前奉置着一座孙中山学医纪念铜像(图1),青年时期的孙中山左手捧书,右手轻握,目视远方。这座铜像是以当年孙中山学医为背景塑造的,基座正面镶嵌着邓颖超1986年题写的"孙中山学医纪念像"八个字,背面的汉白玉石上镌刻着孙中山学医纪念像筹委会铭志。

北校园办公楼亦称"红楼",是中山大学医学院的标志性建筑。2004年,红楼前座门柱恢复镶嵌"医病医身医心,救人救国救世"黑色大理石对联,对联由中山大学前校长戴季陶于1927年题撰。

孙中山开始学医的南华医学堂,是中山大学医学院前身院校之一,中山大学医学院是我国西医的发源地之一。

在广州长堤的孙逸仙纪念医院(即中山大学附属第二医院),从门楼进入大院,一座纪念碑耸立在博济楼前,碑面刻有"孙逸仙博士开始学医及革命运动策源地","中华民国二十四年十一月二日纪念大会

图1　北校园孙中山雕塑

立"等字样。

1835年,美国传教士伯驾在广州十三行新豆栏街创办眼科医院,又称新豆栏眼科医局。1854年,美国人嘉约翰继任院长。1865年,嘉约翰托人在仁济大街海傍购买空地建新医院,改名博济医院,就是今天的孙逸仙纪念医院。嘉约翰除了行医,还培养中国西医技术人才。1866年,他在博济医院开办南华医学堂并自任校长。南华医学堂最初只收男生,1879年兼收女生。它不仅是我国最早一所西医学校,而且是第一所男女同校的新式学校。中国第一批西医生,就是这所学堂培养出来的。

1886年,20岁的孙中山以"逸仙"之名在南华医学堂学医,住在哥利支堂10号宿舍,"竹床瓦枕,随遇而安"。医学堂当时有男生12人,女生4人,所开设的课程有"全体新论""化学摘要""内科全书""割症全书""妇科精蕴""皮肤新编""眼科撮要""儿科全书"等。

孙中山学医的因素之一是受到他的老师杜南山的影响。孙中山在檀香山读书时，有一次拜访给他补习中文的杜南山，见其书柜里摆着许多医学书籍，孙中山好奇地问道："老师，您为什么摆放这么多医学书籍？"杜南山微笑着说："宋朝宰相范仲淹说过：'不为良相，当为良医。'我取这个意思罢了。"过了几天，孙中山又去拜访杜南山，说："杜先生所举范仲淹的话，我有不同理解。中国的读书人，是不能很快从政的，即使从政，也不能马上掌权，不能当'良相'，然后再去做'良医'，恐怕已经太迟了。我主张一方面致力于政治，一方面致力于医术，两方面同时努力，才会有所收获。"杜南山十分欣赏孙中山的见解。

孙中山在广州学医期间，上妇科课时需要进行临床实习，但美国教师只带外国学生和中国女学生去实习，却不允许中国男学生参加。孙中山对这种做法非常不满，就和任课老师展开了争论，但争论了半天，还是没有结果。孙中山就到校长室去论理。

孙中山问校长："嘉约翰先生，同是学生，而且都是学同一课程的，为什么不允许我们参加妇科实习？"

校长说："你们中国人不是一向讲'男女授受不亲'吗？我们美国人就没有这种限制啊。"

孙中山说："我们中国人学医，不也是要治病救人，中国妇女有病，中国的男医生能不救吗？究竟救命要紧，还是落后的礼教为重？想来校长是会十分清楚的。"

嘉约翰先生怔住了，再也没有什么话可以驳倒这位学生，他讲得蛮有道理啊！

嘉约翰先生看着一脸认真的孙逸仙："好，孙逸仙，你这个建议可采纳。"

不久，学校终于打破了不许中国男学生参加妇科实习的禁令，教室里隔开男女学生座位的幔帐，也拆除了。

一日黄昏，尤列随同堂叔尤裕堂到博济医院访友，路经十三行果摊，见孙中山与郑士良购买荔枝，取钱时方发现口袋空空如也。孙中山跟小贩商议，叫他第二天早晨到学校取款，但小贩信不过他们，不肯赊账，双方便争论起来。正好尤裕堂、尤列经过这里，遇见此情，便上前代付了水果款。孙中山遂邀请他们一同到学校。这晚，他们以水果作夜宵，侃侃而谈，直到深夜。孙中山谈古论今，谈笑风生，使尤列十分敬佩，两人遂成挚友。

孙中山说，"以学堂为鼓吹之地，借医术为入世之媒"，"救国"与"习医"并举。因为要进行革命活动，必须有一个公开职业作掩护，而当医生是最好的职业掩护，医生能接触很多人，有利于革命联络。孙中山的同学、好友郑士良是三合会会员，后来发动会党响应孙中山领导的起义。

1893年春，孙中山在冼基街设立东西药局，他的名声在广州很快传开，来求医的人很多。他借着医生职务的便利，"出入衙署，一无阻碍"，与广东的官员和乡绅多有来往，并得到广大民众的仰慕，甚至还有人称孙中山为"活菩萨"。据陈少白回忆："很奇怪，不满两三个月，声名鹊起，几乎没有一个人不耳闻其名，极端钦佩的。"

1912年4月25日，孙中山辞去临时大总统之职，南下广州。5月9日，孙中山回到当年在广州学医的地方，出席博济医院举行的耶稣联合会欢迎会，应与会人员的盛情邀请，即席演说。他号召基督徒"同负国家之责任，使政治、宗教，同达完美之目的"。当日，孙中山与出席会议的人员合影留念。据统计，在1911—1916年的革命活动中，有超过600名伤员在博济医院得到救治。

> 雕塑
> 档案

孙中山学医纪念像筹委会铭志

中国民主革命伟大先驱孙中山先生（一八六六—一九二五），名文，字德明，号逸仙，嗣号中山。广东省香山县（今中山市）翠亨村人。一八八六年入广州博济医院附属南华医学校（今中山医科大学所属孙逸仙纪念医院）附设西医书院。翌年转学香港雅丽医院（今拿打素医院）附设西医书院。一八九二年毕业，行医澳门、广州，医术精湛，医德高尚。时值国家积弱，列强侵凌，先生以医人医国为己任，期使民族独立、民权自由、民生幸福，领导辛亥革命，推翻封建帝制，建立共和民国。为改造中国、振兴中华，殚精竭力，奋斗不息，丰功伟绩，世人敬仰。兹值先生诞辰一百二十周年之际，得海内外校友热诚赞助，建成先生青年时期学医铜像，永志纪念。

中山医科大学孙中山学医纪念像筹建委员会
一九八六年十一月十二日　陈瑞元书 陈瑞元印

全才型大师梁伯强

梁碧素

人物格言

科学研究是探索前人没有认识的事物的本质。既要重视前人的经验,又不能拘泥于前人的框框,这样研究工作才能有所发现,有所前进。

——梁伯强

人物风采

在中山大学广州校区北校园科技楼二楼办公室的一角,一尊半身铜像毅然屹立(图1)。铜像雕刻的是一位戴着眼镜、穿着中山装的中年人,眼望远方,面容庄重而祥和。这位就是任职于中山大学医学院、中国病理学奠基人之一的梁伯强教授。梁伯强毕生从事医学教育和病理学研究,治学严谨,学术造诣极深,培养了大批优秀的病理学人才,为我国病理学作出了重大贡献。

1899年2月15日,梁伯强生于广东省梅县一个知识分子家庭。他的父亲梁劢勤先后在乡间小学和梅县女子中学任教,对子女要求严格。生母梁萧氏育有三子,于梁伯强六岁时染病去世;继母生有五子二女。1912年,梁伯强考入梅县巴色会教会中学(即梅县乐育中学前身),他勤奋好学,仅用四年时间就完成了中学的全部课程。1916年以全年级第一名的成绩毕业,考入上海同济大学医学院,1922年

图1　梁伯强雕塑

毕业。多年后,某德国著名学者问梁伯强的弟子:"为什么你老师的德语这样完美?"弟子回答说:"梁教授自幼学习德语,经中学、大学、德国,从未间断;在国内外又与德国教授共事多年;而且他一向勤学苦练,在梅县乐育中学即以早起背诵德文辞典而为人所乐道。德语之难,首在语法,梁教授完全掌握了语法,所以能够达到完美的境界。"

梁伯强毕业留校,在复旦医学院担任助教。师从著名病理学教授欧本海姆,并在他的指导下学习尸体解剖。1923年他被学校推荐到德国慕尼黑大学研修病理学。期间,撰文将《黄帝内经》中有关胃肠道解剖的研究介绍给西方。他潜心从事中国人血型和地理环境关系的研究,关注国人体质,以及地方的常见病和多发病。1924年,凭借《中国人的血型和地理关系的研究》,梁伯强以最优等成绩获得慕尼黑大学医学博士学位。1925年回国,继续同济大学病理学教职。

1932年,梁伯强回到广州,受聘为中山大学医学院教授,兼任病理学研究所主任。他以病理学研究所为基地,积极从事教学科学研究。当时的病理学研究所条件很差,只有一名助教和一名技术员,人员不足;物质条件更差,教研用品严重不足。梁伯强按照教学、尸体解剖检验和科学研究工作密切结合的思路,立刻申请经费,购置教学投影机、显微镜和教学图片,并率领助教和技术员装配课室、建造尸解室,向德国母校征集人体标本。短短几年时间,他便将中山大学医学院病理学研究所建设成为在国内有一定影响、学术氛围浓厚的教研单位。

德国著名病理学家贝廷格考察了研究所后,赞赏道:"教学法好,科研有成绩,工作计划性强,标本和挂图都令人满意,师资培养受到足够的重视,研究所内外整齐清洁,有浓厚的学术氛围。"而梁伯强也发自内心地表示:"本所虽无伟大可言,而简朴实用,颇适合我国教学及研究之需。"

梁伯强深刻认识到,要建立现代病理学,必须有我们自己的病理资料。因此,他非常重视尸体解剖,即使在战争时期,也没有中断尸体解剖。1938年,中山大学西迁云南澄江,途经越南河内,滞留了两个月。虽然流离异国他乡,处境极其艰难,生活非常困苦,但他仍以学术研究为重,坚持进行尸体解剖。他主动争取,得到河内印度支那医学院的支持,每天到该院所属医院太平间进行尸体解剖。两个月的时间,他就解剖尸体30多具,制作标本9箱。几经周折,这些标本被辗转运回国内,保证了教学的需要(图2)。

图2 梁伯强院士使用过的水浴恒温箱

后来,病理研究所回迁粤北山

区，条件艰苦，经费不足，物资供应异常缺乏。这一切都没有难倒梁伯强。他因陋就简，把研究所设在一间土房里。没有尸体解剖室，他带领学生到几里路外的一个破庙里做解剖；没有专业解剖工具，他就请铁匠打制土刀、土剪、土秤；没有橡胶手套，他把凡士林涂在手上，以减轻福尔马林对皮肤的刺激。在制作标本时，他设计出新的固定液来固定标本，节省了大量当时难以得到的甘油；改变配方，用松节油代替二甲苯；用云母片取代需要进口的盖玻片。通过改良方法，在常规条件无一具备的环境下，梁伯强因地制宜，创造条件，坚持病理学研究。

1954年起，梁伯强任华南医学院（即后来的中山医学院）第一副院长，主管全院科学研究工作。在任期间，积极推动全院科学研究，活跃全院学术气氛；学院在血吸虫病防治、肝病、麻风病、鼻咽癌、防盲治盲以及神经生物学等方面的科研工作是卓有成效的。1963年，梁伯强组建了肿瘤研究所和寄生虫病学、病理形态学、神经生态学、眼科学、药物学等五个研究室，兼任中山医学院肿瘤研究所第一任所长，有力地推动了全院的科研工作。

中山医学院历史上有代表着当时国内医科最高学术水平与成就的"八大金刚"，梁伯强就是其中之一。他的研究常常结合实际，关注身边的常见病、多发病。经过多年的尸解，他发现南方肝硬化发病率高，于是便着手从事肝病的研究。他学术上成就很多，主要在于肝疾病和鼻咽癌的开拓性研究。鼻咽癌是广东地区最常见的恶性肿瘤之一，被称为"广东癌"。梁伯强在1959年就明确地提出把鼻咽癌研究作为中山医学院的科研重点。他制定严谨而详尽的研究计划，组建强大的研究队伍，最终取得了国际认可的成就。1959年，他在《原发性肝癌的形态学、病因学和在我国发病率的研究》一文中提出病毒性肝炎→肝硬化→肝癌的发病模式。这一科学见解直到80年代才被病毒学、免疫学和超微结构的大量研究资料所证实。当时国际上仅强调黄曲霉素与肝癌发生的关系。此文发表后引起国际学术界的普遍重视，有20多个国家和地区的学者来函索取论文，不少学者提出进行合作研究的意愿。1962年，在莫斯科第八届国际肿瘤会议上，梁伯强宣读了论文《鼻咽癌的组织学类型、生物学特性和组织发生学的研究》。首先提出鼻咽癌的组织学分型，并详细描述了各类型的病理组织学特点和它们的生物学特性，辩证地论述了肿瘤实质和间质的相互关系。这一科学的论断受到国际肿瘤学家的赞同。该文至今仍被视为鼻咽癌病理组织学研究的重要参考文献。

梁伯强在鼻咽癌研究领域，立足中山医，放眼全国，他邀集北京、上海、四川等地有关单位成立鼻咽癌研究全国协作组。1960年，卫生部确认中山医学院为全国鼻咽癌研究中心。

1974年，世界卫生组织约请梁伯强参与上呼吸道肿瘤组织学分型（图谱）的复审工作，可惜当时梁伯强已经逝世多年。

梁伯强的弟子回忆：

"梁教授所编讲义和教学方法都很有特色。讲义是中德合璧的，学生在获得病理学知识的同时，也提高了德语水平。这就当时的实际情况来说十分重要，因为担任解剖、生理、药理、内科、外科和妇产科等课程的都是德国教授。上课前强师一早来到教室，将所讲纲要写在黑板上，让学生抄好预习。标本、挂图等也置于旁边。讲课时以精练的语言表达，密切结合基础临床，围绕纲要发挥补充，突出重点。为了使学生深入理解器官病变的发生发展过程，梁教授精心制作了许多模式图，授课时边绘边讲，随意加减，使教学内容形象、生动，嵌入听课者的脑海之中，历久不忘。

"同精彩的讲课相辅相成的是每周一次的病理临床讨论会。名为讨论，实际上是老师提问学生回答，具有非常重要的督促检查、温故知新的意义。这既是动力又是压力。我们都十分认真、紧张地对待，反复学习思考强师讲的所有内容。由于每人均下了苦功，结果没有令强师失望。

"他提出的《三三计划》,至今仍在鼓舞我们前进:(一)三年内力求发展。第一年主要搞好教学,第二年着重开展尸体解剖和活检,第三年大力投入科研;(二)为战胜人类健康三大敌结核、麻疯和肿瘤,特别是癌肿而奋斗;(三)教学、科研和临床三结合。计划的胜利实施,使原有一定基础的病理学研究所以崭新的面貌出现。"

梁伯强抓住一切可能的时间用于教学。"抗日战争期间,由于日机轰炸,城里常常响起防空警报。警报一来,必须要停课疏散。梁伯强跑在路上时,却还一边跑一边回头,向后面的同学提问。于是,跑警报也成了梁伯强的上课时间。"

梁伯强既重视教学,又关心即将步入社会的弟子。他曾经对毕业生说:"凡事以身作则,严以律己,宽以待人,知足常乐,助人为乐,要专心教学,不要过问学校行政,尤其不要卷入政治漩涡。同事之间,要团结互助。多读书,勤写作,虚心向别人学习。"

梁伯强非常重视人才培养,早年悉心培养年轻助教,为他们创设学习和工作条件,并谆谆教诲青年教师要从实践中学习、在实践中提高。分配来的新教师要经过一年严格的基本功训练;从做第一例尸体解剖开始,尸解记录、病变描述、病变标本选取、诊断等,都要求规范化、高质量地按时完成。

梁伯强喜欢登山,所以常用"登山精神"鼓励他的学生。他说:"研究工作好像登山运动。首先要有信心,不怕艰辛;然后一步一步攀登,一定能到达顶峰。"他常说:"做学问要勤学多思。"遇到困难时,"走路,吃饭都要想解决的办法","我的工作计划和科研构思,很多时候是在走路时想出来的"。他还说,"尽信书不如无书","科学研究是探索前人没有认识的事物的本质。既要重视前人的经验,又不能拘泥于前人的框框,这样研究工作才能有所发现,有所前进"。

1936年,梁伯强开始接受培养高级研究员。1951年,接受卫生

图 3　1999 年 11 月 4 日，梁伯强培养的钟世镇、甄永苏、姚开泰、程天民四位院士探望梁师母

部委托培养高级病理学师资力量。1953 年以后，为了适应高等医药教育的发展，他开办了 10 多期高级病理师资培训班，招收研究生和高级进修员。他培养了大批病理学人才，桃李满天下，其中不少已成为当代学科带头人和著名病理学家（图 3）。

有教授曾经对梁伯强的弟子说："尊师的才能是多方面的，各项工作很出色。有些人学问好，但拙于领导和管理；有的人教学工作突出，待人处世却大有问题；像梁教授这样的全才的确不多。"

2013 年 11 月 8 日，我国病理学先驱梁伯强教授、秦光煜教授铜像揭幕仪式在中山大学广州校区北校园科技楼隆重举行。中山大学副校长黎孟枫教授、中国科学院院士姚开泰教授、中国工程院院士甄永苏教授等出席仪式，中国工程院院士程天民教授特意寄来墨宝——"缅怀恩师教诲，永志泰斗慈容"。

人物档案

梁伯强(1899—1968),广东梅县人,著名医学教育家、病理学家,一级教授、院士,我国现代病理学奠基人之一。两次出任中山医学院院长。受卫生部委托,主编新中国第一部统编全国高等医学院校教材《病理解剖学总论》(1960年版)。1950年任卫生部全国卫生科学研究委员会委员,中南军区后勤部卫生部顾问和地方病防治委员会委员。1955年被选为中国科学院学部委员;历任卫生部医学科学委员会常委,国家科委医学组成员,中华医学会理事,中华医学会病理学会副理事长,中华医学会广东分会副理事长,中华医学会广东分会病理学会理事长,《中华病理学》杂志副总编辑;第一、二、三届全国人大代表。

"苛刻"的完美主义者
——记病理学泰斗秦光煜

陈钇暄

人物格言

在自己有限的一生中,如果当一名临床医生,只能为不多数的病人服务,而从事病理学,则可推动整个医学事业发展,为更多的人解除疾苦。

——秦光煜

人物风采

中山大学广州校区北校园科技楼内,矗立着一尊我国著名病理学家秦光煜的铜像(图1)。秦光煜教授科研兴趣广泛,对麻风病理学有开拓性研究,曾担任广东麻风病防治小组组长。他对界限性麻风病病变危害的发现,被国际麻风病学界誉为"创造性工作"。他对内分泌腺、血液瘤、脑瘤和麻风病等进行了颇有成效的病理研究,还与胡正祥、刘永共同编著了我国第一部大型病理学方面的全国高校教材《病理学》。

秦光煜治学严谨,注重细节。

在中山医学院执教期间,秦光煜严谨治学的风格给青年教师和研究生们留下了极为深刻的印象,并成为这些医学界的后起之秀一生的精神指引。他在培养青年教师和研究生的过程中,以"严"字当头,不放过每一个细节。

图 1 秦光煜雕塑

20世纪50年代初的一天,一位青年教师请秦光煜复查血液病的病例。这位教师事前已按照秦光煜的要求作了充分准备,详细观察了标本,找到了一些相关文献,提出了初步诊断意见。复查时,秦光煜一边仔细看标本,一边询问青年教师病例的情况和初步诊断意见;同时,认真地做了笔记。然后,秦光煜联系临床提出了诊断依据,写下了诊断和总结。青年教师看着秦光煜欣慰的表情,心里暗想教授一定会表扬自己。一切看起来都那么完美无缺,他期许着教授投来赞许的目光。但秦光煜对于青年教师的诊断意见仍心存疑惑,总感觉有什么地方不对劲。以他多年的经验和严谨的治学风格来说,怎么能轻易地信服呢?他把青年教师叫到跟前,说:"你把病人尸体给我看看。"青年教师虽然不解秦光煜的用意,但还是带他来到尸体解剖室。秦光煜仔细查看了血液病人的尸体后,问道:"尸体解剖的时候,你取出骨髓了吗?"闻言,青年教师立刻惶恐不安地回答:"没有……我以为不取骨髓也是可以的……"话音刚落,秦光煜皱起眉头,严厉地批评道:"血液病不取骨髓,缺乏科学根据,会影响诊断的准确性。你现在面对的只是一个实验病例,以后成为医生,这样不细致,怎么能作出正确的诊断,怎么担当起一个医生的责任?以后不得再出现这类情况!"青年教师恍然大悟,秦光煜的一席话如醍醐灌顶,给心浮气躁的他猛烈一击。多年以后,他在回忆录中写道:"当时秦教授声色俱厉,几十年过去了,还记忆犹新。"

又有一次,秦光煜在教学楼巡视青年教师上课的情况。他随意走进一间正在上病理学课的教室,细心的他一眼就看到黑板上的别字。有位教师把"蜡样变性"写成"腊样变性",自己却浑然不觉。几天后的教师会上,秦光煜言辞恳切却不留情面地作了批评:"如果备课充分,这样的错误绝不可能出现在课堂上。作为教师,我们不容许这样的错误!"该教师羞愧得面红耳赤。事后他反思自己,深悔自己的疏忽,承认当时备课时不够认真。他渐渐明白,在一位教师身上哪怕有微小的瑕疵,都有可能误人子弟。

从此,这位青年教师处处留心,事事严格。他回忆自己刚进学校时,秦教授指导自己写论文也十分耐心细致。"记得那是我第一次写病理解剖学论文,还不知道从何下手的时候,秦教授鼓励我大胆尝试,还在主题和构思上给我启发。有一次,他亲自复查了标本,提出了论文研究方向的建议。在听了我的想法后,他指导我确定了论文的重点,还教我检索文献。一个星期后,我把完成的初稿给他看,他逐字逐句地看完,连标点符号都不放过,让我反复修改了5次,才最后定稿。秦教授就是通过这样的身教、言教和笔传,为中国培养了大批病理师资和研究生。"

秦光煜不盲从前人的权威和经验,坚持科学真理,也给后辈留下了深远影响。

20世纪50年代初的一天,一位青年教师做尸解检查时,发现死者脑组织的病理学改变十分类似于甲型脑炎,而据文献资料记载,此

病仅发生在北方。该教师请秦光煜复查，他仔细阅读了临床资料，查阅了病理标本，同意诊断为甲型脑炎。他指出："我们应尊重事实，对前人的经验既要尊重，又不能盲从。"这是首次在我国南方报告了甲型脑炎病例。

中国工程院院士甄永苏，1949年考进中山大学医学院，1954年毕业。他在回忆自己的求学生涯时说："大学期间，秦光煜教授使我深受启发。秦教授学识渊博，勤于思考。在讲授病理学时，秦教授经常将结构与功能相结合，病理形态与病理生理相结合，让学生有全面的理解。秦教授常教导我们，只有认真观察了形态与结构的改变，并联系到功能的变化，才可能对疾病的发生发展过程有一个全面的了解，作出正确的判断。思考不是凭灵感，而是需要有广泛、扎实的基础知识和专业知识，所以需要大量阅读专业文献，学习前人的经验。"老师的言传身教为甄永苏树立了榜样，让他从学生时代就养成了勤奋好学的习惯，养成了在工作中爱思考、重实践、讲实效的作风。

秦光煜对麻风病进行开拓性的研究，对我国防治麻风病事业作出了巨大贡献。

1955年，广东省成立了麻风病防治领导小组，组织了一批专家开展麻风病研究。麻风病防治领导小组下设临床研究组和基础研究组，秦光煜被任命为基础研究组负责人。秦光煜当时在肿瘤研究方面成就颇多，但麻风病在沿海各省的肆虐，促使他决定牺牲个人兴趣，临危受命。他坦诚地表示："虽然我个人的兴趣是研究肿瘤，但政府要消灭麻风病，我义无反顾地接受此任务，以为尽早消灭麻风病作出微薄的贡献。"他常常说："科研工作要结合实际，才能出成果。"这也体现在他研究麻风病的抉择上。

1955年3月下旬，广东省一些地区出现活埋麻风病人的惨剧。攻克麻风病已是迫在眉睫。为了取得第一手资料，秦光煜带领基础研究组深入麻风病重灾区，广泛收集麻风病人的皮肤病变组织，全面观察麻风病人各器官的病理变化。他首先提出开展麻风病人的尸体解剖，并为自己立下了苛刻的工作目标：解剖100例麻风病人的尸体！为了达到目标，他和助手开始"上山下海寻麻风"。麻风村、麻风病院都设在荒郊野岭，交通十分不便，而他们必须在病人去世后24小时内赶到。有时基层麻风病院通知有病例可供解剖，但他因买不到车船票而不能及时赶到现场。为此，秦光煜亲自找广东省委书记反映情况，后由省公安厅发给特别通行证优先购票，才解决了这个问题。由于麻风病人的尸体不得运回城市，秦光煜的团队决定到现场做实验研究。

1955年5月，秦光煜带着几名助手，广泛收集麻风病人的皮肤组织，开展麻风病人的尸体解剖。到1966年，他们共收集了100位麻风病人的尸体解剖材料，发表了5篇麻风病病理研究论文。

在秦光煜及其团队的努力下，广东省麻风病的年发病率从1958年的19.72/10万，下降到1988年的0.4/10万。他用艰苦的实践实现了自己"为更多的人解除疾苦"的人生理想，践行了"科研工作结合实际"的主张。秦光煜教授晚年不幸遭到"文革"造反派的迫害，但他对医学的热忱却至死不渝。

人物档案

秦光煜（1902—1969），出身于江苏无锡医药世家，著名病理学家，一级教授。1920年考入北京协和医学院，1930年获得医学博士学位，留校任教。1942年调任北京大学医学院，任病理学教授，兼病理科主任。1948年任岭南大学医学院病理学教授，兼病理科主任。1953年任华南医学院病理学教授，1954年起任卫生部科学委员会病理形态学专题委员会委员、中华病理学会理事、《中华病理学》杂志编委、《中华医学（外文版）》杂志编委、广东省病理学会副理事长。第三届全国人大代表。著有《肿瘤病理学》《血液病理学》《麻风病理学》等教材。

"白衣天使"雕塑

巫海维

> 两位白衣天使心中的明灯,
> 照亮了那崎岖的道路,
> 道路的前方是博学,是博爱。

在中山大学广州校区北校园图书馆的西南方与东南方,各有一座白衣天使的雕塑。

图1 "捧卷"白衣天使

坐落在西南方的一座是一个身着白衣的长发女子,一位白衣天使。她静静地坐着,一只手捧着一本书,另一只手支撑着身体(图1)。雕塑纯净白色的身体曲线像汇入无边无际的知识海洋的涓涓细流,而她手中的书卷犹如一扇大门,向孜孜不倦地渴求着知识的眼睛敞开着。从她低垂的动人的眼眸里,我们可以看到一种刻苦,一种谦逊,一种对知识的好奇和钻研。在新枝抽芽、树影婆娑直到落叶满地的日子里,她就这么静静地读着手中的书,深深地陶醉在知识中。

在这尊雕塑下方的赭红色底座上有块白色的石牌,上有"母校一百二十周年纪念,医学系八四届毕业生捐建"的镀金色字样。现中山大学中山医学院曾经历过多年变迁,最早可追溯到1866年的博济医学堂。在1953年的中国高等院校院系调整中,岭南大学的医学院与国立中山大学医学院、广东光华医学院合并为华南医学院,后几经更名,最后并入中山大学,成为现在的中山大学中山医学院。由"母校一百二十周年"可知,这雕塑是在1986年中山医科大学校庆时,校友所捐建的。这座雕塑之中,不仅蕴含了校友们对母校深深的感激与浓浓的爱意,更包含有一种深深的期盼。期盼医学院的学子们能够继承前辈的刻苦、谦逊,以及对知识的无止境的追求、钻研的精神,能够担负起国家医药卫生事业发展和全人类健康的责任。至今,这种期盼穿越了30年,尽管一切都在变化,但那种淳朴的感情与思考将久久长存。

另一座白衣天使的雕塑则位于图书馆东南方,医学博物馆北面。这是一位掩卷沉思的女子(图2)。她的头倚靠在平放的右手上,而左手修长的手指下是几本厚厚的闭合的书卷。在她随风飘逸的长发下,是一副严肃思考的神情。紧闭的双唇、炯炯有神的眼睛,透露的是一种坚持和一种信念。这一尊从粗犷的大石中诞生的美丽女子的雕塑,刚中带着柔情,柔情里又迸射出坚毅。

她在思索着什么?是作为医学生沉甸甸的责任,抑或还有为医者的道德?在这座九零届毕业生捐赠、由胡博设计的雕塑的底座上,镌刻着我国著名的医学教育家柯麟在1990年的题字——"崇尚医德,端正学风",这是老院长对所有医学院学子的要求。一名合格的医学生,对专业知识的掌握固然重要,但是如果没有医德作为内在灵魂的支持,没有心怀病人的博爱精神,知识学习得再好也是惘然。在当今

图2 "掩卷"白衣天使

中国复杂的医患关系现状,那种一心为患者、凝聚着伟大博爱的医德,就显得格外重要。

一踏进北校园,不论是谁都无法摆脱扑面而来的淳朴的书卷气息,而北校园图书馆正是这种书卷气息最为浓郁的地方。坐落在图书馆边的两座雕像,正是一代代学子精神的凝聚体。捧卷的白衣天使,代表了钻研、探求知识的精神,与校训中的"博学"相应;掩卷的白衣天使,代表了医德、无私奉献的精神,与医者的"博爱"相对。"博学"与"博爱",深深地印刻在中山大学中山医学院的灵魂之中,也应该是所有医学生的追求和向往。

这两座雕塑及其所代表的深刻的寓意与寄托,不禁让人想起每年中山大学中山医学院新生入学的誓词:

我志愿献身医学,热爱祖国,忠于人民,恪守医德,尊师守纪,刻苦钻研,孜孜不倦,精益求精,全面发展。我决心竭尽全力除人类之病痛，助健康之完美，维护医术的圣洁和荣誉，救死扶伤，不辞艰辛，执着追求，为祖国医药卫生事业的发展和人类身心健康终生奋斗。

选择了学医的道路，就意味着选择了向知识的博学与内心的博爱前进的道路，也同时选择了承担重任与肩负使命的道路。这一条道路注定是艰苦的、困难重重的，但也一定是伟大的。

"人间天使"雕塑的述说

崔秦睿

在中山大学广州校区北校园永生楼东北面,有一座引人注目的高大雕塑(图1),她于2004年3月26日上午揭幕,用于纪念广大医护人员在抗击"非典"战斗中表现出来的崇高职业精神,这座名为"人间天使"的青铜雕塑,由中央美术学院的魏小明教授设计创作、

图1 "人间天使"雕塑

国内23位知名企业家捐资而建。与传统的写实、朴素的白衣天使形象有所不同的是，这尊雕塑采用浪漫、夸张的手法，运用线条的流动性来表达白衣天使的崇高形象，就像天上飘浮的云彩或者一汪清澈的泉水一样，给人以美好的感觉。雕塑整体高7米，主体铜像高3米，青绿色，为写意的白衣天使形象；铜像底座高4米，墨绿色，为世界卫生组织的标志，剑穿缠绕的蛇寓意加强国际合作，用科学手段战胜疫病。整体设计彰显人性，讴歌奉献，强调合作的主题。整座雕塑重约2吨。

在铜像揭幕仪式上，100多名中山大学的医学生代表在雕塑前郑重宣誓："我决心竭尽全力除人类之病痛，助健康之完美，维护医术的圣洁和荣誉，救死扶伤，不辞艰辛，执着追求，为祖国医药卫生事业的发展和人类身心健康奋斗终生。"

"非典"即非典型肺炎的简称，英语为SARS，是严重急性呼吸综合征。世界卫生组织认为"非典"从离广州市一个小时车程的广东顺德首发，2002年12月"非典"最早的病例之一，是顺德东阳市场贩卖各种野生动物的肉贩。其后，"非典"扩散至东南亚乃至全球，直至2003年中期，疫情逐渐消除。2003年6月24日，世界卫生组织将中国从"非典"疫区中除名。2003年抗击"非典"的5个多月里，中山大学各附属医院先后收治"非典"确诊病历164例，占广东省总量的1/10以上，有105位中山大学医护人员和12位医学实习生病倒在抗击"非典"的第一线。

2003年1月31日，喜庆团圆的除夕夜，在中山大学附属第二医院（以下简称"附属二院"），住着10余名患有后来被定名为"非典型肺炎"的病人，包括前一天入住的、后来令人闻之胆寒的"毒王"周某（先后传染了130多人，包括56位参与救治的医务人员）。临床98级12个朝气蓬勃的实习生接二连三地中招倒下，他们的话语让你走近临床实习生的内心。

"啊，今天楼下又死去两个（病人）"，每天面对这样的严峻情形，"不害怕是假的。谁也无法预料能不能熬过今天，下一个死的会不会是自己。只能一天天忐忑地观察着自己，也观察着别人"。

"作为医学生，我知道心理暗示的重要性。所以一直努力进行积极的自我暗示，安慰自己能挺过去。"

"对于疾病本身什么都不知道，无法预料，这是最可怕的。因为你不知道发生了什么。而当我了解了病因和治疗方案以后，反而没有最初那么害怕。"

隔离，发热，死亡，恐惧的气氛在弥漫。

"阎王门前转了一圈回来，有些事情就会看淡很多，你会知道人生当中哪些事更重要些。回想起来，当时如果选择了当逃兵，自己的良心是过不去的。"

"身体健康真的是一件很宝贵很幸福的事。有时抱怨这、抱怨那，但是当生命出现危机时会发现，那些真的都无所谓。我现在希望全心全意地做好自己的本职工作，尽我所能去回报社会。"

"风险是每个医疗工作者都要经历和面对的。予人健康是医生的天职，我们义不容辞。"

中山大学抗击"非典"专家组组长、附属二院黄子通教授感慨当时生死只在一线间。同时，附属二院也在这个危难之际经受住了重创与考验，交出了满意的答卷：

最先接诊"非典"患者；

医务人员受感染最早、最多；

最早开设"非典"治疗隔离病房；

最早定性病因；

第一例"非典"尸体解剖；

最早寻获治疗方案；

96名医护人员感染，没有一个出现后遗症。

黄子通教授,急诊医学及生物医学工程双学科博士生导师。在2003年抗击"非典"的战役中,担任广东省防治"非典"专家组成员、中山大学及孙逸仙纪念医院专家组组长。在抗击"非典"斗争中作出了突出的贡献,被广东省政府授予"五一劳动奖章"、一等功臣,获全国抗击"非典"先进科技工作者、全国抗击"非典"优秀医院管理工作者称号。

2003年1月31日早上,黄子通带领两名医生和疾控方面的专家,全副武装地进入太平间完成了尸体解剖。这是我国对因"非典"死亡病例进行的首例尸体解剖,为及时找到"非典"元凶获取了宝贵的病理标本。

截至2月6日,因密切接触"不明原因肺炎"病人而出现发热、肺炎的医护人员已有40多人。这一切都因为收治了一位周姓病人,他住院后不到48小时,病区内的医生、护士,甚至保洁、送饭的工人全都被感染。

6日早上,医院组织了全市的专家,重点要弄清楚为什么周某待了不到48小时,就传染了这么多人。最后敲定了,这是病毒感染,是通过空气飞沫进行传播的。大年初八,全院已经倒下了60多个医务人员。病因不明,更没有现成的治疗方案。医疗专家组大胆提出三组不同的治疗方案,将感染住院的60名医护人员随机分成3组,分别进行临床治疗观察,借鉴本院儿科黄绍良教授治疗其女儿的经验(这个女孩因为在病房陪伴身患"非典"的祖母而不幸感染),把免疫球蛋白整合到治疗方案中来。2月13—14日,全院立即按照制定方案进行治疗,当时一天的治疗费用超过25万元。此后证实治疗方案是可行的,"非典"患者的病情得到了有效控制。最终,96位倒下的医护人员中,除司机范信德外,都奇迹般地恢复了健康。特别是激素类药物用量控制得比较好,10年来的观察结果表明,没有一个患者出现后遗症!不像有的地方有较多患者后来遗憾地出现了股骨头坏死或肺纤维化。

在与"非典"抗争的过程中，黄子通也染上了"非典"。2月10日中午1点，病房报告：因转送周某而感染"非典"的司机范信德出现呼吸困难，明显缺氧。专家组决定将其转入重症监护病房进行机械通气治疗。治疗前，范信德请黄子通向他的妻子通报病情，他拨通电话后将在病房随身用了5天的手机递给黄子通，来不及思考也顾不上身后有人碰触提醒，黄子通接过了手机与范信德的妻子余美基通话，告诉她医院会全力救治老范。

或许正是这个接触让黄子通感染了"非典"。他于2月15日发烧；17日晚上，肺部开始出现大片阴影，被送进了隔离病房；24日，24小时滴水不进，呼吸困难，胸部疼痛，一咳嗽，咳出来的全都是鲜血。由于病情危重，黄子通被转送到广州呼吸疾病研究所重症监护病房抢救。最终闯过了鬼门关，于3月1日出院。黄子通在病情完全恢复后又主动请缨再上"前线"，受卫生厅委派两次驰援天津抗击"非典"。

"非典"造成了社会恐慌，附属二院车队的李云清师傅记得，有一次他负责转送病人到附属三院，在人民南路迎宾街路口，一个骑摩托车的人一看到附属二院的救护车，吓得一溜烟就躲开了，"像躲瘟神一样"。"当时医院要求大家穿戴防护服，包括头套脚套，全副武装，像个太空人，回来以后里面全都（汗）湿透了。"

"非典"救治过程中，中山大学附属第二医院司机范信德、中山大学附属第三医院主任医师邓练贤以身殉职，献出了宝贵的生命。

范信德（1946—2003），籍贯广州，中山大学附属第二医院司机，车队安全员。"非典"期间，为避免感染其他人，范信德送完病人回来，换下口罩、手套、衣服后说："这车送过传染病人，我得好好洗洗，免得把别人传染了。"由于病人病情很重，一路上在车上呕吐，车上全是呕吐物。洗车的时候，范信德不得不亲自拆洗车上的坐垫、被子等物品,很可能就是在那个时候被感染了"非典"。2003年2月23日晚上10时30分因抢救无效逝世,享年57岁,是广东省在抗击"非典"战斗中最早以身殉职的医务人员。2003年4月28日,广东省人民政府追认范信德同志为革命烈士。范信德牺牲次年,他的儿子范伟斌接棒成为附属二院的一名救护车司机。

2006年6月19日,大型抗击"非典"纪念雕塑《保卫生命》在广州市雕塑公园落成。时任中共中央政治局委员、广东省委书记张德江,省委副书记、省长黄华华等为雕塑揭幕。张德江接见雕塑家代表和抗击"非典"烈士邓练贤、陈洪光、叶欣、范信德的家属。他说,三年过去了,我们永远不会忘记抗击"非典"的峥嵘岁月,不会忘记壮烈牺牲的英烈,不会忘记广大科技、医务工作者的突出贡献。抗击"非典"的不朽丰碑,将永远矗立在南粤大地上,永远矗立在广东人民心中。黄华华致辞说,组织建造大型抗击"非典"纪念雕塑《保卫生命》,是省委、省政府为纪念抗击"非典"斗争胜利,进一步弘扬抗击"非典"的精神,激励全省人民团结一心、开拓进取、不断开创我省改革开放和现代化建设新局面的一项重要举措。

10多年后的今天,范信德遗孀余美基说:"有时候,我会约人喝早茶,打电话给朋友,但大多数时间真的不知道该怎么打发。你说看电视、看报纸吧,我眼睛又不好,有白内障;旅游吧,阿德不在身边,没意思。"感到孤单的时候,余美基会独自一人去雕塑公园,找范信德的塑像聊天、诉苦:"如果那天,你不请缨顶班,该多好……但我知道你的个性,即使时光倒流,我根本也劝不了你。"

邓练贤(1949—2003),籍贯台山市,中山大学附属第三医院(以下简称"附属三院")党委委员,传染病科党支部书记,传染病教研室副主任,传染病科副主任,主任医师。在2003年2月1日救治周某的过程中,严重的缺氧使病人明显烦躁,在插管过程中极度不合作,插入又脱出,脱出了再插入,病人剧烈咳嗽,使大量痰液带着血

沫从插管处喷出,在场的医护人员从头到脚都被污染,病房中也霎时充满病菌。邓练贤和同事们都清楚,自己正处在危险之中。他们没有中途退缩,来不及更换衣帽,继续争分夺秒地进行抢救,直至病人情况终于稳定下来,而时间已经过去了几个小时。邓练贤就这样感染上"非典",于4月21日光荣殉职。邓练贤是广东抗击"非典"战斗中第一位因公殉职的医生,后被广东省政府追认为革命烈士,被中组部追授为"全国优秀共产党员"。23日,时任中共中央总书记、国家主席胡锦涛作出重要批示:"德江同志:请转达我对邓练贤同志不幸逝世的沉痛悼念,对邓练贤同志亲属的亲切慰问。我坚信,有广大医护人员的奋斗与贡献,有全国上下的团结一致,众志成城,我们就一定能战胜疫病。"

邓练贤的儿子现在在附属三院药剂科工作。邓练贤遗孀朱秀娟说:"其实最大的触动是:要珍视健康。他走后,我用了三年多的时间才真正走出来。以前在医院工作,周末都要上班,生活很忙碌。现在退了休,去学书法、绘画、爬山、旅游。生命是如此宝贵,过好每一天吧,让生命变得更有意义。"

```
雕塑
档案
```

"人间天使"雕塑纪念碑文

魔鬼出现的时候,人们往往会发现天使其实就在身边。

公元2003年初,SARS病毒突袭人类,中国成为重灾区。危难中,广大医务人员义无反顾,前仆后继,为拯救别人的生命自己却成为SARS侵害最重的职业人群。她(他)们感动了整个社会,更感动了以塑造职业精神为己任的企业家。在SARS病毒最为肆虐的日子里,中国企业家杂志社联合23位企业家在北京、广州捐建两尊雕塑,以此昭示世人:在人类遭遇的某些特殊时刻,如果有一个职业人群能够舍生忘死去履行天职，不顾一切去捍卫自己的职业尊严和职业荣誉，她（他）们就是"人间天使"。

人类需要每个人在必要的时候成为别人的天使。

刘东华　文

2003年5月

中国企业家杂志社携中国23位企业家代表立

续写南丁格尔精神

张一荻

人物格言

担负保护人们健康的职责以及护理病人使其处于最佳状态。

——[英]弗洛伦斯·南丁格尔

人物风采

来到中山大学广州校区北校园梁欣荣夫人楼，在大厅就会看到弗洛伦斯·南丁格尔铜像（图1），铜像右侧是一面硕大的形象墙，从右向左分为三个部分：南丁格尔护理誓言、中山大学护理学院院徽、中山大学校训。卡斯凯尔夫人这样描述南丁格尔："她身材高挑，消瘦修长；一头棕色茂密的短发；肤色白皙；灰色的眼睛闪现着忧郁消沉的神色，但有时却流露出快乐的波光，真是令人难忘；她的牙齿美丽整齐，笑起来甜美无比。头上蒙着一条长的柔软发巾，沿着发角扎起来，将她白静的瓜子脸儿，衬托得更为美丽。她经常穿一件黑丝质料的长衫，外加一件黑色披肩，给人一种雍容高雅、落落大方的印象。"作为世界护理事业的创始人和现代护理教育的奠基人，南丁格尔影响着中山大学的护理教育，其精神潜移默化、开花结果。

弗洛伦斯·南丁格尔的父亲威廉和母亲芬妮出身贵族。他们在英国拥有两处家园：茵幽别墅和恩珀蕾花园。夏天，他们全家到茵幽别墅避暑；其余时间则住在恩珀蕾花园。全家人的生活就是

图1 南丁格尔雕塑

旅游、探亲访友。南丁格尔就是威廉一家在意大利旅游期间降生的,出生地为佛罗伦萨,父母便给她因地取名。南丁格尔爱骑小马,爱和身边的小猫、小狗、小鸟们聊天、玩耍,她喜欢照顾它们。有一次,一只小山雀死了,她用手帕把小鸟包起来,埋在花园里的松树下,并竖起一块小墓碑,上面写着墓志铭:

可怜的小山雀
你为何死去
你头上的皇冠
是那样美丽
但是现在
你却躺在那里
对我不理不睬
不闻不问

20多岁的时候,南丁格尔不顾家人的反对,去协助居住在她家周围的穷人,护理缺衣少食的病人。在当时的社会看来,贵族出身的女孩浪费功夫去护理那些穷人,是荒唐无比的行为。而南丁格尔却意念坚定,一面坚持自己护理病人,同时关注护士群体的职业标准、礼仪、群体形象、专业技能,以及医院条件,等等。

南丁格尔对追求者谈到自己对婚姻的看法:"普遍的偏见是,归根结底,一个人必须结婚,这是必然的归宿。不过,我最终觉得,婚姻并不是唯一的。一个人完全可以从她的事业中,使自己感到充实和满足,找到更大的乐趣。"

在战地医院,南丁格尔是伤员眼里的提灯女神。短短数月,兵士的死亡率由原来的50%奇迹般地下降到2.2%,这一音讯沸腾了整个英国。人们把南丁格尔比作圣女贞德,伦敦社会名流发起成立"南丁格尔基金会",促进护理事业的发展。1860年,南丁格尔创办了世界上第一所护士学校,她成功地把护理工作从原来的社会底层,提升到受人尊崇的地位。1910年,南丁格尔谢世。国际护士理事会于1912年将她的诞辰日定为国际护士节;同年,国际红十字会决定,设立国际护士最高荣誉奖——南丁格尔奖。南丁格尔的肖像与英国女王享有同等"待遇",被一起印在1970年版的10英镑面值的钞票上。

传承南丁格尔的护理理念,中山大学的护理教育始于1913年创立的广州市私立博济医院高级护士职业学校,至今走过了百余年的发展历程。中山大学医学院院长柯麟十分关心护理教育事业的发展,亲自引进优秀的护理师资。

新中国成立初期,卫校重建,护士学校师资奇缺。为了解决这个问题,1951年4月,柯麟院长将澳门镜湖医院的地下党员、优秀护士林琼芳带回广州,授权她负责接管和重组护士学校。受柯麟院长和卫校校长罗致桓教授之托,林琼芳积极主持了博济医院高级护士职业学校和中山大学医学院附属护士学校的合校谈判。1953年,两校合并为华南医学院附设护士学校,林琼芳担任教务主任并参与授课。

据吴梅珍老师回忆:"林琼芳教务长德才兼备,治学严谨,教学和管理工作都十分出色,赢得了师生的爱戴。"

1951年随柯麟院长到广州的还有镜湖医院的护理骨干周佩棠,她当时主要负责组织和领导中山大学附属第一医院的护理工作。她于1960年至1968年间担任中山医学院附设护士学校副校长。据她的同事刘如琼回忆,周校长治校有方,为护校的建设和发展作出了积极贡献。

1980年,柯麟在北京家中接待了护理专家卢惠清和她的哥哥香港玛丽医院胸外科卢观全教授,柯麟热情邀请卢惠清到中山医学院指导护理教育。卢惠清说:"我60多岁,已经退休了,还能做什么?"

柯麟回答说:"我80岁能做中山医学院院长,你为什么不能做点事情?"在柯麟的诚恳邀请下,卢惠清欣然带领全家来到中山医学院。卢惠清担任卫校名誉校长、护理学系名誉教授及顾问、护理学院顾问,她每年都向护理专业新生讲述自己多年从事护理工作的切身体会,并以此鼓励同学们坚定信念,立志做一名优秀护士。36年来,她以极大的热情投入护理教育中,为中山大学护理教育的发展作出了重要贡献。

2001年,由中山大学肿瘤防治中心、中山大学护理学院、香港造瘘治疗师学会和香港大学专业进修学院联合创办了国内第一所造口治疗师学校——中山大学造口治疗师学校,培养从事造口护理、伤口护理、失禁护理的造口治疗师,提高临床护士对造口、伤口及失禁护理的理论知识、临床技能及独立处理问题的能力。时任中山大学副校长汪建平教授担任造口治疗师学校校长。

中山大学造口治疗师学校是国内第一所获得世界造口治疗师协会(WCET)认可的学校,办学水平获得WCET及国内护理同行的广泛好评。到2015年底,中山大学造口治疗师学校已成功举办了14期,共培养了245名来自全国各地的学员。

百年树人，中山大学护理教育培养的 3 万多毕业生以基础理论扎实、动手能力强、好用而著称。这些毕业生在平凡的岗位上，奉献着自己的青春和才智。其中，有的获得省市级以上的表彰，有的获得国家级和红十字国际委员会荣誉称号，钟华荪就是他们的杰出代表之一。

钟华荪，印尼华侨，1947 年出生。1965 年 7 月毕业于中山医学院护士学校，毕业后主动"插队"到大西北贫困山区，一干就是 14 年，且年年都被评为先进工作者。

钟华荪曾任广东省人民医院护理部主任，主任护师，硕士生导师，第 22 届中华护理学会常务理事，第 23 届中华护理学会理事，广东省护理学会副理事长。2002 年被卫生部聘为全国继续医学教育委员会学科组成员；同年 10 月被广州市卫生局聘为广州市社区卫生服务工作指导委员会专家。

钟华荪回忆说，在大西北贫困山区的时候，最初的 5 年，让原本只是学护理的钟华荪在那个缺医少药的环境里，承担起了医生的职责，为她后来的护理工作积累了很多难得的经验。她说："其实也就是这 5 年，让我这么一个原本对农村、对基层没有什么认识的城里女孩，真正认识到了基层生活的艰辛和不易，真正做到了和基层老百姓的接触更多、更近了，这也让我培养了一种强烈的社会责任感和历史使命感。"

1994 年，钟华荪走上了护理部主任的工作岗位。她抓住一切机会，刻苦学习护理管理的理论知识，在较短的时间内掌握了与医院管理有关的科学知识和方法，并结合实际应用到护理管理工作中。正是因为钟华荪形成了一整套切实有用的护理思想与做法，才使得广东省人民医院在 2003 年的"非典"疫情大考验中取得医护人员零感染、"非典"病人零死亡的"双零"记录。这个记录是绝无仅有的，并让钟华荪荣获第 39 届南丁格尔奖。

> 人物
> 档案

弗洛伦斯·南丁格尔（Florence Nightingale，1820—1910），护理事业的创始人和现代护理教育的奠基人，出身于英国上流社会。她是世界上第一个真正的女护士，开创了护理事业。她提出了科学的护理理论，撰写了大量报告和论著，包括《护理札记》《医院札记》《健康护理与疾病札记》等多部专著。其中，最著名的是《护理札记》，阐述了护理工作应遵循的指导思想和原理，详细论述了对病人的观察和病房卫生影响。1859年完成《医院摘要》，对医院建筑与医院管理提出革命性理论。南丁格尔逝世后，国际护士理事会为纪念她为护理事业作出的贡献，于1912年将南丁格尔的生日5月12日定为"国际护士节"，最初称"医院日"，也称"南丁格尔日"。

红色医生、医学教育家柯麟

崔秦睿

> **人物格言**

教师要教书又教人。至于教书又教人的具体做法，最重要的一条是以身作则，言传身教。其次是要求教师不仅要关心学生的业务学习，而且要关心学生德育、体育的发展。

办大学不依靠知识分子依靠谁？特别要依靠高级知识分子。

——柯麟

> **人物风采**

进入中山大学广州校区北校园北门，右侧校友会堂大厅矗立着老院长柯麟的雕像（图1）。雕像传神地刻画了柯麟的音容笑貌，西装笔挺，方脸，头发齐整后梳，脸上既有使命感的威严，又有和蔼可亲的笑意。

柯麟是中山医人尊崇的老院长，他的公开身份是医生，曾经担任澳门镜湖医院院长。他是中国共产党隐蔽战线的革命家，在上海参与中国共产党中央特科工作，为中国共产党建立地下工作网、开辟秘密交通线、收集情报、打击叛徒等贡献重大。他直接受周恩来、叶剑英、彭湃等人领导，与叶挺、陈赓、潘汉年等人共同工作。抗日战争期间，柯麟转移文化界知名人士到安全区，接待党内人士来澳治病，为党输送医务人员，团结进步人士加入统一战线。他以高超的医术、

图1 柯麟雕塑

高尚的医德、良好的人缘、坚定的党性、灵活的手腕,演绎革命传奇。民国时期,柯麟从中山大学医科毕业。新中国成立后,他出任中山大学医学院院长,被尊为医学教育的一代宗师。

1901年10月,柯麟出生在广东海丰海城镇一个工商业者家庭,家里经营染铺,父亲柯明身希望儿子们小学毕业后继承父业经商致富。自幼酷爱读书的柯麟,小学毕业后以名列榜首的成绩于1916年考入海丰中学,在此结识了高年级学生领袖彭湃。

1921年夏天,中学毕业后,受五四运动影响的柯麟来到省城广州投考高等学校。1920年底,陈独秀担任广东省文化教育委员会委员长,提倡平民教育。广东公医大学从1921年秋开始,每年招收5名公费学生,柯麟就是广东公医大学首次录取的5名公费生之一。1924年春,柯麟接到秘密通知,经彭湃介绍加入共青团,成为团的外围学生组织"公医"新学生社的核心成员。1925年6月23日,因出现财政问题，广东公医大学当局密谋将教育权出售给洛克菲勒，柯麟拜访中国共产党广东区委领导人周恩来，将此情况汇报给他。周恩来非常赞同和支持广东公医大学进步学生收回教育权的爱国行动。6月25日，在柯麟等进步学生的领导下，广东公医大学全体学生通过决议，结队上街，到国民党中央党部、广东省政府和广东大学请愿。由于中国共产党的正确领导，国民党左派领袖、广东省省长廖仲恺的支持，广东各界的援助，广东公医大学合并到广东大学，成为广东大学医科。

为庆祝顺利收回教育权，柯麟等公医学生邀请黄埔军校政治部主任周恩来到校演讲。周恩来在演讲中指出：赶走校内的反动派是小胜利，与工农兵结合，打倒国内封建势力，打倒帝国主义就是大胜利。我们的时代是战斗的时代，革命青年一定要与工农兵合作，才能取得大胜利和最后的胜利！

1926年1月，广东大学组建中国共产党广州大学总支部委员会，柯麟由共青团团员转为中共党员，并担任广东大学医科的党小组组长，后来又担任医科分支部书记。柯麟从广东大学毕业后，在广东大学医科附属医院工作。

参加广州起义后，从1928年起，柯麟以医生为职业，先后转战上海、沈阳、厦门、香港、澳门等地，长期从事党的地下工作，直到中华人民共和国诞生，为中国共产党地下工作作出重大贡献。

1950年10月29日，叶剑英和华南分局书记方方写信给中央：因中山大学医院及医学院在华南医学界起领导作用，现无适当人选，拟任柯麟医生为上述医院及医学院的院长，还可兼顾澳门方面的工作。周恩来总理在11月7日的复电中说，中央卫生部要求速调柯麟来京，任办公厅主任。但心思缜密的周恩来提出第三种方案，柯麟如尚需留澳门，则两处均可不调。经再三斟酌，柯麟于11月14日复电周恩来总理，表示愿意服从组织决定，回广东工作，这样可以兼顾澳门的工作。中央人民政府同意了他的意见。1951年春节，柯麟举家迁回广州，任中山大学医学院院长兼附属第一医院院长，还兼任澳门镜湖医院院长。

1952年，全国院系调整。柯麟认为广州的三间医学院力量比较薄弱和分散，要把力量集中起来才能发扬优势、克服弱点。他主张把中山大学医学院、岭南大学医学院、广东光华医学院三所医学院合并起来，中央和广东省的有关部门同意这个主张。1953年5月，中央人民政府卫生部将中山大学医学院和岭南大学医学院两院进行合并，定名为华南医学院。之后，又把广东光华医学院合并进来。

三所医学院的学术传统各不相同，是摆在柯麟面前最大的难题。原中山大学医学院被称作"德日派"，岭南大学医学院则奉"英美派"，历史传统各异，教师来源和学术派别也有很大差别，办学各有特点，门户之见比较深。为此，柯麟通过个别谈话和召开多次座谈会，做了深入细致的思想工作。他认为要办好大学，校领导应经常听取教授们的意见，他常说："办大学不依靠知识分子依靠谁？特别要依靠高级知识分子。"所以十分强调以和为贵，为了医疗发展的共同目标，要努力搞好团结，和衷共济。在敏感的人事安排上，他慎重协商，注意一视同仁，用人所长，不断物色和推荐优秀的知识分子担任学院的领导工作。当时的华南医学院集中了不少医学教育界的精英。其中一级教授8人、二级教授15人，他们都被安排担任行政、教学、科研、医疗等各方面的重要职务。柯麟还推荐罗潜教授、陈国桢教授分任正副教务长，推荐广东公医大学时的老战友王季甫担任总务长。华南医学院院务委员会中的大部分成员都是高级知识分子。柯麟有强有力的领导才能，对政策把握稳健，极具远见和气魄。在他的努力下，三间学院的师生逐渐消除隔阂，教授们开始相互合作，积极发挥作用；学校的各项工作进步也很快，成绩很大，师生员工对柯麟的治校能力和贡献都很佩服和敬重。

20世纪60年代初，高校强调整顿、提高，柯麟集中了一批富有

治学和教育经验的老教授的智慧，强调学生的学习要打好基础，经过一系列教育实践，形成了著名的"三基三严"学风，即"注重基本理论、基本知识、基本技能的学习和训练；在教学、医疗和科研中，坚持严肃的态度、严密的方法、严格的要求"。此后，学校的教学、医疗和科研工作有了飞跃发展。有传闻说，凭柯麟签字的毕业证，即可在港澳、东南亚一带行医。

20世纪五六十年代，政治运动较多，柯麟由于在党内具有崇高威望，保护了多名老教授免受"运动"冲击，并将"运动"对学校的冲击控制到最小，为中山医学院保存了宝贵的师资力量。60年代经济困难时期，广东省卫生厅多次安排他疗养，家属可以随行。柯麟将学校的专家学者看得比自家人还重要，将家属随行疗养的机会给了老教授、老专家，把他们从繁重的教学活动中解脱出来，通过疗养，回复到健康状态。柯麟每次出差回校，都会询问师生饭堂的营养情况，询问教学、科研、医疗存在什么问题，并想办法予以解决。考试前，他会通知饭堂改善伙食，保障同学们摄入足够的营养，有充沛的精力应对考试。柯麟见一些从农村来的学生，因为家庭经济困难赤脚上学，对此在全校大会上申明，困难学生可以向学校申请领取鞋子。他在校园里遇到打赤脚的学生，上前问明情况，随即掏出纸笔写字据，让学生到总务部门领取鞋子。柯麟重视体育运动，一有时间就与学生一起打球。他嘱咐同学们："你们不是要在足球场上争冠军吗？是的，又不尽然！你们追求的是当一个品德好、技术精、身体健康的医生！"学生运动员因比赛拉下课程，柯麟就安排骨干教师为他们补课，确保他们运动学习双丰收；为保障学生运动员的营养，还专门设立运动员食堂。

1996年11月10日，柯麟院长纪念雕像在中山医校友会堂落成，时任国务院总理李鹏题词：医学教育家柯麟革命风范永存。雕像由广州美术学院黎明教授创作、完成。

人物档案

柯麟（1901—1991），原名柯辉萼，广东海丰人。1926年从国立广东大学医科毕业，留任附属医院医生。1926年由共青团团员转为中共党员。1951年，出任中山大学医学院院长。1952年，全国院系调整，他提出的三所医学院校合并的想法得到上级认可，创建中山医学院，并担任院长。"文革"后，担任国家卫生部顾问。1980年5月，兼任中山医学院院长，打造中山医学院"三基三严"的教学传统，被誉为中山医一代宗师。有《柯麟医学教育文选》传世。体现他风采的书籍有《红色医生·教育家柯麟传》《柯麟传略》《中共地下党人》，CCTV 1播出20集电视剧《风雨中国心——柯麟医生》，CCTV 9播出5集文献纪录片《柯麟医生》等。曾任第一、二、三届全国人大代表，第五、六届全国政协常委。

照亮人民的拓荒者
——中国现代眼科奠基人陈耀真

陈钇曈

人物格言

我感到自豪的是，我能把我知道的完全教给你们。我也希望你们都能够贡献给国家和那些患眼病的病人。

——陈耀真

人物风采

中山大学广州校区北校园中山眼科中心1号楼北小花园矗立着一组铜像（图1），白色基座上方左侧那位胡须飘飘、双眼平视书本、神情严肃地坐着的老人就是陈耀真——中山眼科医院创始人、著名的眼科学家、医学教育家、我国现代眼科学奠基人之一、新中国眼科学领域的主要领导人之一，他为眼科教育事业和学术研究作出了巨大贡献。

陈耀真的祖父陈辰威和弟弟一起乘坐"猪仔"船，在太平洋上漂泊3个月，到美国环太平洋铁路公司当苦力，后因工身死，就地安葬。陈耀真的父亲陈联祥1881年才15岁时，就痛别母亲，到美国寻找父亲。陈联祥顺利通过天使岛检查，却只得到父亲逝世的消息，后在叔叔于明尼苏达州开的洗衣店里做"后生"。白天洗衣，晚上找些

图1　陈耀真与毛文书伉俪雕塑

旧报纸自学英文,周日去附近教堂听耶稣,上主日学,目的也是学英文。在教堂,陈联祥认识了一位虔诚的教徒卡陀女士(Ms. Harriette Carter),在她的资助下,陈联祥于1892年入读哈佛大学,1897年从哈佛大学劳伦斯理科学院毕业,荣获哈佛大学化学学士学位。哈佛大学校史记载,陈联祥是第二个在哈佛大学读书的中国人,但却是哈佛大学有史以来第一个荣获学士学位的中国人。

1898年,陈联祥与香港的大家闺秀黄贝娄结为连理,后于1917年因火车事故而不治身亡,只留下一间精益眼镜铺供家人谋生。身为长子的陈耀真不得不接手眼镜铺,但他不善经商,且认为做个眼科医生对大众更有帮助,便拍卖了眼镜铺,在堂叔的帮助下到美国留学,将母亲和弟弟妹妹交由二舅父黄茂林照顾。

天使岛(Angel Island)是美国的移民检查拘留所和检疫站。美国1882年通过的"排华法案",使得很多中国人被拘留于此,并接受赤裸体检。陈耀真没能逃过这一劫,体检结果说他有寄生虫病,使他被迫在天使岛滞留多月。

好不容易踏上美国国土后，陈耀真做的第一件事，就是去找年迈的卡陀女士，感谢她当年对父亲陈联祥的无私帮助。

陈耀真的堂叔也是苦力出身，后来经营餐馆。1921年，陈耀真考上波士顿大学，跟父亲一样勤工俭学。他最初只能在洗衣店帮工，在餐馆打杂洗碗，也当过佣人、电信接线生、夏令营辅导员，最困难时，也曾吃浆糊充饥。

生活上的艰难困苦压不住陈耀真的雄心壮志，他谨记父亲的教诲，用3年的时间完成了4年的学业，取得波士顿大学理学士学位；同年考入波士顿大学医学院，通过4年的苦读，获得医学博士学位。在底特律一家医院实习两年后，1929年，陈耀真考入举世闻名的高等学府约翰·霍普金斯大学当博士后。同年，威尔默眼科研究所成立，陈耀真是所长威尔默医生的第一个研究生，也是进入威尔默眼科研究所学习的第一个中国人。他发表了11篇论文，很受威尔默医生的赏识。1968年，当陈耀真三女陈之昭申请入约翰·霍普金斯大学医学院就读时，和仕医生（Dr. Frank B. Walsk）对她说："如果你有你父亲陈耀真的1/10的聪明，你一定没问题。"在威尔默眼科研究所图书馆内存有很多中国眼科方面的"古董"，那都是陈耀真的赠品，还有他和威尔默医生的往来信件（图2）。

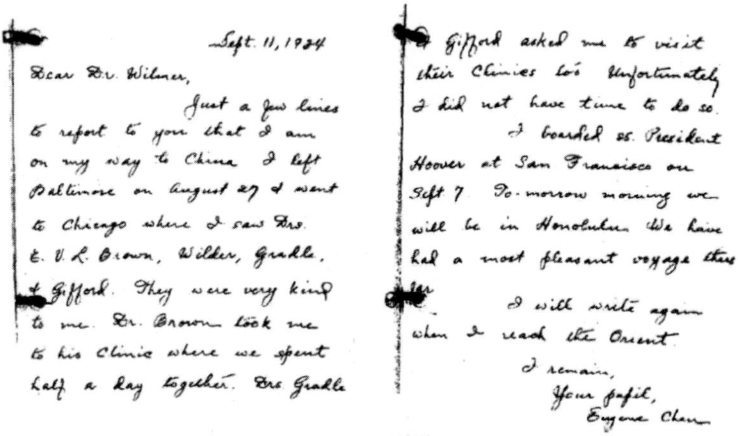

图2　1924年陈耀真给恩师威尔默医生的书信

经过7年寒窗、7年实习与研究,陈耀真准备回国开辟新天地。他的同伴企图说服他留下,可是他心感责任重大,不论为家为国,都应义不容辞地回国服务。

1934年夏,陈耀真结束了在美国14年的奋斗生涯,回到香港,亲人苦劝他留港开业行医,不仅一家大小食住不愁,还可以过上荣华富贵的生活。但陈耀真志在为更广大的眼患、弱视、失明的中国人服务。要想达到目标,势必引进西方科学,着重研究和教育。于是,陈耀真敬谢亲人的奉劝,义无反顾地北上教学。

陈耀真原本想到与约翰·霍普金斯大学有合作的协和医学院教学,当时协和眼科的第四任掌门人彼得·孔菲医生(Peter Kronfeld, 1899—1980)既歧视又侮辱地把他拒之门外。于是,陈耀真到山东齐鲁大学医学院眼科任主任。抗日战争爆发后,他受聘成都华西大学眼科任教授兼存仁医院眼科主任。存仁医院福利会曾发起免费义诊,专为劳苦大众医治眼疾。1978年的一天,一个带着假眼的女士突然叩门拜访,她是40多年前在免费诊所接受陈耀真手术而治好致命眼瘤的小姑娘,后来成长为北京大学的教师。

著名历史学家陈寅恪的右眼失明,左眼也只能看到人影,经陈耀真诊断为视网膜脱落。抱着一线希望,陈耀真给他做了手术。由于陈寅恪病情严重,加之当时医疗条件所限,术后效果不能如愿。此后,陈寅恪去英国找到眼科教科书 System of Ophthalmology 的作者、著名的埃迪医生再诊。做了两次手术,亦未治好。埃迪医生对陈寅恪说,陈耀真治不好,他也没有办法,足见陈耀真的医术已驰名中外。

1950年,陈耀真调任岭南大学医学院眼科。在此期间,他带出了新中国第一批眼科研究生,主编我国第一部眼科方面的高等院校教材《眼科学》,创办我国规模最大的眼科中心。

陈耀真甘做人梯。研究生做课题时往往苦于没有文献索引指路,研究工作无从下手,他就从自己的"活索引库"中搜索资料,参阅国际研究动态,结合我国眼病发病情况,选择研究方向,亲自把学生引

上研究的道路。他一边向学生传授眼科知识,一边坚持为青年医生辅导英语和审改稿件。他为学生指导论文,常用铅笔在稿纸边上密密麻麻地写满蝇头小字,不容许学生有任何失误。

1952年4月,陈耀真担任华南医学院眼科教研室主任,以谦和的态度和学者的胸怀团结来自各院的眼科同仁。他总以诚恳待人来化解矛盾。一天,一位新进的年轻医生因傲气逼人、大声说话在同事中引起风波。陈耀真听闻后,对大家说:"这位医生说话爱大声,不是因傲气,而是因一种心理。他在众人中显得个子不高,为表达意见容易提高声量,大家应互相谅解。"

1953年,陈耀真承担卫生部的委托,举办全国眼科医师进修班,在承担本科生教学的同时培训一年制的进修医生。在眼科学课程的讲授表里,他总为自己安排课时,带班讲课。

新中国成立后,陈耀真、毛文书伉俪长期担任中央保健委员会专家,负责中央首长和友好国家政要的眼科保健工作。

据吴中柱著《老大回:三代人在美国的传奇》介绍,1985年11月,时任全国政协主席邓颖超在第一次国际眼科学术会议上宣读她对陈耀真的评价:"陈耀真教授是一位具有高度民族自尊心和爱国主义思想的眼科专家。半个世纪以来,他专心致志,从事眼科科学,无论是在临床、教育和译著方面,他都作出了极为宝贵的重大贡献,虽已是八旬以上的高龄,仍孜孜不倦,锲而不舍地全心全意为人民服务,这是值得我们钦佩和学习的,我向他致以热烈的祝贺和崇高的敬意!"(图3)

图3 陈耀真1982年留影

人物档案

陈耀真(1899—1986),广东台山人,中国现代眼科学家和医学教育家,一级教授。1917年,陈耀真毕业于香港皇仁书院,因贫困,1921—1927年在美国勤工俭学,获波士顿大学医学博士学位。1934年,任山东齐鲁大学医学院眼科主任。1939年,任华西大学医学院教授。1950年,于岭南大学医学院眼科任教并担任中华医学会眼科学会理事。1953年起任中山医学院教授,1965年起任中山医学院眼科医院院长直至1975年退休。1981年起任中华医学会眼科学会名誉主任委员。主编我国第一部眼科方面的高等院校教材《眼科学》。

精心播种育芳香
——光明天使毛文书与她的事业

陈钇疃

| 人物格言

在我有生之年,这个研究不一定取得最后成功,但是,现在把路铺开,让后人接着研究下去,终会取得成果,造福病人。

——毛文书

| 人物风采

中山大学中山眼科中心1号楼北小花园内矗立着一组铜像(图1),白色基座上方右侧那位身体微向前倾地站着的老人就是毛文书。她一手托着厚厚的书本,双眼凝视着书上的内容,表情庄重而慈祥,和蔼可亲又不失严谨。她就是中山眼科中心主任、我国眼科奠基人之一毛文书。

毛文书是四川乐山人。母亲来自农村,为人贤淑;父亲为布庄商人,是个"瘾君子";家有二兄一姐。毛文书就读于教会学校,9岁入校寄宿,毕业于成都华美女子中学,19岁考进华西大学医学院,毕业后选择眼科,任职于华西医学院附属眼耳鼻喉存仁医院。年轻时,毛文书贪玩成性,一天赶着看三场电影。丈夫陈耀真自从当上主任之

图1 毛文书与陈耀真雕塑

后,便慢慢地引导她集中精力于眼科事业,做研究、写论文。最后她投身学术,热衷于眼科事业,也成就了陈、毛二人中国眼科界的"居里夫妇"的美名。

1950年,毛文书和丈夫陈耀真一起受聘于岭南大学医学院,夫唱妇随地把一个只有2张病床、4个医生,每天看30个眼科门诊病人的眼科部门逐步发展起来,成为拥有317张病床、186个医生、760个医务人员的眼科医院,同时还成为医学院毕业生就业竞争最激烈、最热门的专业之一。经过15年的艰苦奋斗,1964年,眼科研究实验室成立。在中央有聂荣臻元帅的认可,在中南局得到陶铸书记的资助,在广东省得到省长陈郁的支持及帮助,1965年初,一幢崭新的六层大楼——中国第一家眼科医院在广州执信南路落成。

毛文书为防盲治盲奋斗40年,50年代就深入农村、山区查盲治盲,之后多次带领医疗队到粤北山区进行大规模查治盲人工作,并在新会建立起防盲挂钩点。

20世纪50年代初,毛文书预见到,随着人民生活水平的提高,一般性眼疾能得到有效控制,而老年性白内障将会突显出来。为此,她及时指导研究生进行白内障的基础研究,在国内最早建立起眼生化实验室,开展晶体生化研究。当时,由于不明病因,有人认为毛文书的研究工作是徒劳的。毛文书鼓励研究人员:"在我有生之年,这个研究不一定取得最后成功,但是,现在把路铺开,让后人接着研究下去,终会取得成果,造福病人。"

1959年,毛文书与胡天圣对1958年和1952年两个时期的沙眼和白内障的致盲比例变化和白内障类型进行了综合分析。他们调查了8582例白内障患者,发现老年性白内障最多,占63.1%,先天性及青年性白内障占12.6%,并发性白内障占13.4%。大多数并发性白内障继发于葡萄膜炎及青光眼。经过对我国南北气候差异、高原和平原地势差异、不同民族的生活和膳食习惯等因素的分析,他们得出结论:我国老年性白内障发生率南方显著高于北方,尤以西藏为最高。初步推测,南方炎热、热季长,太阳辐射强烈,可能是南方白内障发生率高的主要原因之一。

1979年,毛文书和胡天圣又对第二届全国眼科学术会议所提供的人群普查盲人或眼病的资料进行了分析。他们选出其中成熟或近成熟的老年性白内障病例,以人为单位,计算出白内障的发生率。结合中央气象局资料室提供的地理和气象资料,他们选取了白内障发生率最高的泽当县、较高的阿勒泰地区和发生率最低的中牟县加以比较,据此得出了我国老年性白内障发生率与地理、气象因素的关系:纬度、海拔高度等对白内障发生率都有影响。其发生率随纬度减少或随海拔高度增加而增加,后者影响更大,而上述因素都与太阳辐射有密切关系。因此,进一步论证了"太阳辐射能促进白内障发生"的论点。

毛文书不仅学术成就卓著,为病人解除疾苦,被人们誉为"光明天使",也重视培养眼科人才。

毛文书说过,我要做人梯,让年轻人从我身上爬过去。她亲自指导教学人员的备课工作,听他们讲课,并给各地来的进修生讲课,主动为边远地区培养眼科医生。她亲自修改青年医生的培养计划,对研究生的培养更是呕心沥血。一天,毛文书在上课时,得知一个已毕业的学生分娩不顺利,便焦急地跑到医院,亲临产房守候,直到母子平安她才离开。正如她所说:"他们不仅是我的学生,也是国家需要的人才。"

晚年的毛文书孜孜不倦,为眼科事业竭尽全力。在"文革"期间蒙受委屈和不平后,她不计较个人得失,怀着对眼科事业的热爱弥补失去的10年时间。80年代,她回到新会给病人看病、培训眼科医务人员,她说:"我有种子在这里,我要经常来。"她为当地人民留下了一支永远不走的医疗队。

1981年,美国的戴维·培顿教授筹建奥比斯眼科飞行医院,将联合航空公司捐赠的DC-8型客机改成有手术室及教学全套设备的空中医院,组织先进国家的眼科专家,飞到世界各地的发展中国家为穷人医治眼疾,传播先进的眼科知识和技术,他希望也能飞到中国。毛文书认为这是一个非常好的把中国的眼科水平再推上一级台阶的机会,她奔走于卫生部、民航局、外交部、海关总署等有关部门,结果碰了一鼻子灰。别人办不到的事不等于她办不到,毛文书坚定不移的性格也是她成功的要素之一。"我就不信我办不成!"她最后找到叶剑英元帅,申述此举有助于中国眼科更上一层楼。叶帅喊"好",所有有关部门便大开绿灯。

1982年9月21日,奥比斯的飞机降落在广州白云机场,国外的先进技术送上门来,让国内眼科同仁大开眼界、受益匪浅。

1983年,在毛文书与丈夫陈耀真以及有关学友、同事的共同努力下,我国第一个眼科中心——中山眼科中心成立了。这是个从事眼科教学、医疗、科研和防盲事业的新型综合体。毛文书教授直到逝世前一直主持眼科中心工作。眼科中心在国内外都享有一定声誉,是我国最早开展眼科显微手术玻璃体切割术的单位之一,角膜移植术和青光眼诊治也有较高水平。毛文书主持工作身体力行,精心培养了良好的院风医德,不断培育出德才兼备的医生。她鼓励在手术中以老带新,大胆让年轻医生在锻炼中成长(图2)。

图2 晚年的陈耀真、毛文书夫妇

1985年7月,毛文书指导的眼科中心医疗队开赴西藏高原,为藏族同胞开展防盲治盲工作。1987年7月,毛文书准备再次亲率医疗队入藏,此时她已76岁高龄,大家都劝阻她。但研究西藏特有的眼病是她和丈夫的夙愿。她亲自挑选出防盲办5个最好的医生组成医疗队。可临行前,成都专治高原病的医生斩钉截铁地说:"你的情况不能入藏。"于是她留在成都,用电话指挥医疗队工作。

1988年,毛文书应邀到美国参加学术交流会。会前住在华盛顿三女儿陈之昭家时,突然便血,送医院检查发现了肿瘤,必须手术,但她还是坚持先去纽约参加学术会议。会后手术时,发现已是胃癌晚期,医生说她只能维持两个月左右。毛文书奋斗了一生,从未屈服过,但与癌魔的斗争会使她筋疲力尽,她说:"我还有很多事情要做!死也要死在祖国!"医生只好为她缝合伤口。缝合后的第二天,毛文书就推着吊架当拐杖锻炼走路，不到一周的时间，就在二女儿陈又昭的陪同下回国。当时国内的人工晶状体质量一般，一个进口晶状体要250美元，老百姓怎么买得起？毛文书找到美国一个公益防盲协会，从那里得到免费的人工晶状体，以便为国内的白内障病人免费治疗。她顾不上病痛，将这几百个人工晶状体带回国，足足装了三大包。为了省邮费，这三大包人工晶状体都是由陈又昭作为行李带回国的。

人物档案

毛文书（1910—1988），四川乐山人，1929—1937年在四川华西大学医学院攻读医科，获医学博士学位，毕业后留校任教。1947年起，在加拿大多伦多大学眼科和美国芝加哥大学眼科深造两年，回国后任眼科教授。1950年，调任岭南大学医学院眼科教授、教研室副主任。1965年起，任中山医学院眼科医院副院长、院长。1977年调任中国医学科学院首都医院眼科教授。1983年回中山医科大学任中山眼科中心首任主任兼防盲治盲办公室主任。1985年建立陈耀真基金，鼓励有贡献的眼科工作者。第三至七届全国人大代表。亚太地区人工晶状体植入协会创办人之一。创办《眼科学报》并任首任主编。主编全国高校统编教材《眼科学》。

播撒光明，传递博爱
——李绍珍的教师情怀

陈钇疃

> 人物格言

当教师是一种甜美的苦役，当你看到你的学生使病人重见光明的时候，由衷的喜悦是教师艰苦付出的最好回报；而许多盲人痛苦的表情，对于我们来说，却是一种无法抗拒的召唤。

——李绍珍

> 人物风采

中山大学中山眼科中心1号楼北小花园矗立着一尊铜像（图1），她手捧书本，双眼饱含对学术的热情和对学生的关爱——她就是我国眼科学界首位工程院院士、南粤杰出教师李绍珍，著名眼科学家、中山医科大学名誉教授、中山眼科中心名誉主任、眼科医院名誉院长。为了纪念她在学术、医疗、教育上的贡献，2010年，李绍珍的铜像和她的导师陈耀真、毛文书伉俪的铜像一起，在中山眼科中心揭幕。

李绍珍和中山大学的联系是从她在岭南大学医学院读书时开始的。1955年，李绍珍眼科研究生毕业后，留校任教，从医38年。在医疗技术上，她孜孜不倦地追求，积极探索，迎难而上，她说："我们自己要继续学习，知识要不断更新，思想上紧跟时代。"白内障是我

图 1　李绍珍雕塑

国第一致盲眼病。为了攻克顽疾，从20世纪50年代起，李绍珍立志主攻白内障。在科研工作中，她密切关注本专业的最新研究动态，确定研究课题后，对研究方向选题、实验设计、实验操作、实验结果的处理、论文撰写等五个环节加以控制，从实际出发，将课题的先进性、科学性与临床实际紧密结合。

李绍珍在中山医学院建立了第一间眼科生化实验室，在国内较早开展了人工晶状体化学成分分析。20世纪70年代后期，她率领研究小组对白内障后房型人工晶状体植入进行了系列创新研究，首创Nd:YAG激光断线治疗现代囊外摘除术后角膜散光；率先开展二期人工晶状体植入术。1980年，李绍珍以客座研究员身份在美国加州大学眼科研究所访问一年。1981年9月回国后，根据我国实际情况，开展白内障基础和临床研究，使白内障手术发展为显微镜下的人工晶状体植入术。她还与美国海伦·凯勒国际基金会合作，深入农村示范推广人工晶状体植入术，在广东建立五个白内障手术防治基地。

李绍珍不仅是一名眼科专家，也是一名杰出教师。

李绍珍早年师从我国著名眼科专家陈耀真、毛文书伉俪，以老前辈为楷模，教书育人。从年轻的时候起，李绍珍心中就泛起了一个梦——建立起培养我国高级眼科医生和研究人员的重点教学科研基地，培养大批献身眼科事业、分布在全国各地的眼科医生。

李绍珍常说："为人师，应甘做人梯。"她的学生们在国内外发表的有影响力的白内障专科研究论文里，从选题到实验方法的设计、从结果分析到文章的撰写都有她的心血，但她几乎都将自己的名字从第一作者的位置上划掉，而将学生列为第一作者；她无私地将自己掌握的白内障摘除联合后房型人工晶状体植入技术向学生和年轻医生推广，希望更多眼科医生掌握这门技术，使广大白内障患者受益。

一个雨天，在李绍珍匆匆去研究室的路上，因为道路又湿又滑，她心里想着工作，不留神脚下一滑，从二楼楼梯跌到楼下，后脑勺肿起一个拳头大的血肿块。医生检查后说："你脑部受损，出现了明显的神经定位症状，必须休息，不能硬撑了！"李绍珍却一心惦记着她的一个访问学者的结业论文。于是，她把学生请到病房里，在病床边指导学生修改论文，直至疼痛难忍，才迷迷糊糊地昏睡过去。学生看到老师为了自己而不顾身体，泪如泉涌。

李绍珍曾说："当教师是一种甜美的苦役，当你看到你的学生使病人重见光明的时候，由衷的喜悦是教师艰苦付出的最好回报；而许多盲人痛苦的表情，对于我们来说，却是一种无法抗拒的召唤。"

1983年，李绍珍任中山医学院中山眼科中心眼科医院院长以及白内障专业组负责人。1988年，卫生部委托中山医科大学开办眼科医生进修班，李绍珍成为白内障专业组教师。她每堂专业课都按时到课，用平静细腻的语言将白内障的流行病学、病因、发病机理等讲得条理分明、逻辑严密。她严格要求规范化地书写眼科病历、医嘱，查房时要求医生复述病历、有关数据及处理原则；她还要求用英文记录对疾病的诊断。学生们刚开始不习惯显微手术，李绍珍要求他们每天晚上在显微镜下进行练习,直到达到一定水平才能上手术台。学生与她同台手术时,她要求很严格,及时纠正学生不规范的操作并亲手示范,直到学生达到要求。

　　李绍珍虽要求严格,却也十分爱护自己的学生。一天,眼科进修班的一位基层医生和她同台手术,手术过程中该学生的缝线扎得不好,李绍珍立刻示意他离开术者的位置,然后,她用慢动作操作了一遍作为示范,让学生记住。手术结束后,李绍珍关切地问学生:"你还有什么不懂吗?要领掌握没有?"学生点点头。后来,在她的博士生刘奕志的博士论文开题报告会上,李绍珍认真听取了每个人的意见。这位学生也参加了报告会,他自认为人微言轻,不准备发言。李绍珍却点名说:"我想听听你的意见。"学生只得谈一点自己的看法,李绍珍不仅认真听取,还给了评价,让学生受宠若惊。

　　李绍珍不仅诲人不倦,且严格要求自己。在担任眼科医院院长期间,工作繁忙,但她从不离开临床和教学。有一年元旦,进修班的医生和护士为看电视发生争执,她和医教处处长杨少梅教授认真调查事情原委后,在进修班会上代表医院向大家道歉,检讨自己管理不周,并向全体师生鞠了一躬。

　　作为教师,李绍珍要求自己不断学习,让思想跟上时代。她常常进出图书馆,时刻掌握着白内障基础研究的学术动态和研究焦点。李绍珍重视师德,教育她的学生和科学工作者应该兼备德、识、才、学,即使是高校毕业到了岗位上,首先应是一个道德高尚的人。这也是她为人的写照。

　　作为知名眼科专家,李绍珍经常出国参加学术交流,但每次都如期而归;国外的研究单位多次高薪聘请她,都被她婉言回绝。每当看到外国人瞧不起中国人的时候,她的民族自尊心油然而生。她说:"科学虽然没有国界,但科学家是有祖国的。我们没有任何理由为了稍微高一点的报酬,用我们的聪明才智,到国外去为瞧不起我们的人服务。我们出国的目的是学习好的东西,吸收人家的经验教训,更好地建设我们自己的国家。"

作为中山医科大学眼科白内障专业的学科带头人，李绍珍在教学中摒弃传统的填鸭式教育法，对每个学生的兴趣和天赋耐心地加以引导。她的一位博士研究生在入学时的研究方向本是临床治疗，但她发现该学生心细且观察力敏锐，就将其研究方向定位为实验研究。这位学生的潜能得到发挥，研究结果得到了同行的首肯，其论文获得卫生部首届中青年科研优秀论文一等奖。李绍珍经常启发她的学生"要多问几个为什么，变换不同的角度、方式思考问题"。

然而，对于自己的职业，李绍珍还是一句话："我是祖国培养出来的。既然我选择为师，就要终身为师，为国家培养有用的人才。"

在李绍珍的影响下，她的不少学生坚持在教学和科研岗位上，在白内障等多个研究领域处于国内领先地位。

李绍珍长期从事眼科教学、科研、临床工作，培养博士生16名、硕士生5名。1997年在美国被美中眼学会（CAOS）授予优秀服务、教育和科研特别奖，1999年获亚洲太平洋眼科学会颁发的优质服务奖。

人物档案

李绍珍（1932—2001），原籍台山，出生于广州市，中国现代眼科学专家、中国工程院院士。1949年考入岭南大学，1954年毕业于华南医学院本科，1955年留校任教，兼任住院医生，1962年获中山医学院眼科研究生学位。1983年起历任中山医学院（中山医科大学）中山眼科中心副教授、教授、博士生导师，眼科中心副主任、主任，眼科医院院长；第七至九届全国人大代表；《中华眼科》杂志副主编，《眼科学报》杂志主编。著有《眼科手术学》（获广东省卫生厅科技进步一等奖、卫生部科技进步二等奖）。

树人树德、百行重德的慈善家伍舜德

张一荻

| 人物
| 格言

鼓励发挥创意,培养高尚品格,增强公民意识,激发爱国热情。

——伍舜德

| 人物
| 风采

在中山大学珠海校区伍舜德国际学术交流中心,伫立着伍舜德先生的铜像(图1)。先生西装笔挺,面带微笑,和蔼可亲,慈祥良善,生动地呈现了他富有人格魅力的慈善家形象。

中山大学岭南(大学)学院名誉教授、岭南(大学)学院董事会名誉主席、香港著名爱国实业家、饮食界泰斗——美心集团创办人之一伍舜德,在中山大学广州校区南校园捐建伍舜德图书馆,在珠海校区捐建伍舜德国际学术交流中心,这两栋建筑作为伍舜德精神的承载物,让身处其间的人潜移默化地体味先生的精神力量。

伍舜德的家乡在广东省台山市四九镇塘虾村。不满11岁时,他的父亲伍学业在美国不幸因病逝世,在人生最后时刻请人代为嘱咐妻子:让儿子去读书成才。

1923年,就在丈夫去世不久,遵照其遗嘱,伍舜德的母亲把11岁的伍舜德送到岭南大学附属小学读书,从此开始了他12年的求学生涯。岭南大学附属小学是一间贵族学校,每年学费400元,靠母

图1 伍舜德雕塑

亲勤劳节俭来供给。伍舜德的同学绝大多数是官宦商贾子弟,但他不自卑,争分夺秒,十分珍惜学习机会。起初,伍舜德营养不良,身体瘦弱,喜好运动的他,经常在课余时间打排球、篮球,练就了强健的体魄。小学毕业,伍舜德以优异成绩考入岭南大学附属中学。伍舜德体育极其优秀,他先后担任过校棒球运动队队长、中国棒球队队长,并代表国家队远赴国外比赛。伍舜德学习优异,中学得过物理奖,大学得过会计奖、体育奖。

在大学毕业典礼上,岭南大学教授黄延毓这样评价伍舜德:"吾间尝思维如何始可堪称典型的岭南学生。君在母校有十多年悠久之历史,渊源不可谓不深。君一向好体育而绝无暴戾气;君又好学不倦,成绩优良;君又乐为人役,团体服务获君之助甚多。所谓典型的岭南学生吾于君得之矣,愿后之来者,以君为模范。"

大学毕业后,伍舜德于1935年7月应香港陆海通有限公司总理陈符祥先生的邀请,在其公司属下的六国酒店担任会计员。当时,他每月收入仅 50 港元,既要交房租,又要支付交通费,生活拮据。除了留下必需的生活费外,他将节省下来的钱汇回家,供母亲生活及弟弟沾德上学使用。后来,生活安定下来,他把母亲和弟弟从乡下接到香港,供弟弟寄宿读书。伍舜德在六国酒店任职期间尽心尽职,陈符祥对他赞赏有加。一年后,伍舜德便升为公司董事兼六国酒店经理。

伍舜德管理六国酒店时,常常倾听客人意见,了解客人需要,改进服务质量,树立新形象。他常到客房检查卫生,亲自给职工示范如何清洁整理房间、对客人礼貌用语、用艺术语言接听电话等。经他言传身教,不到一年,六国酒店得到"全港最好招呼及清洁之华人旅馆"的美称,吸引众多旅客入住。公司效益提高,员工收入增加。伍舜德才华出众,管理杰出,作风诚信,口碑甚佳。一次,陆海通有限公司资金周转困难,计划向一家公司借贷。借贷是以陆海通有限公司董事兼六国酒店经理伍舜德的名义提出的,对方公司总裁前来考察,却没进接待厅,而是直接到客房细心查看后就匆匆离开。大家见总裁态度如此冷淡,感觉借贷可能无望。过了一天,那位总裁给陆海通有限公司打来电话,通知办理借贷手续。原来,那位总裁通过这种随机考察式的明察暗访,见识了六国酒店井井有条的高品质形象,感到名实相符,可以放心放贷。这件趣闻轶事至今仍然为陆海通有限公司所津津乐道。

1944 年,陈符祥逝世,陆海通有限公司董事会一致推举伍舜德为董事长,被伍舜德婉拒。他说,董事长一职历来都是由持股份数最多者担任,他持股份数不多,只能接受公司业务经理职务。

那时,中环区两家外国人经营的西餐馆生意兴旺,老板见中国人光顾,故意让他们坐"冷板凳",对此,伍舜德很气愤。他决心打破中国人只会开大排档的现状,创办一间由中国人经营的、具有时代气息的餐馆,为国争光。

1956 年,由伍舜德创建的美心餐厅在香港中环区开张,吸引了无

数好奇的目光。当时在香港，作为集饮食娱乐与社会交际于一体的餐厅是罕见的。美心餐厅装饰既有法兰西罗曼蒂克的情调，又有中国特色风情，除了可以欣赏外国歌星及乐队表演外，若顾客有兴致，还可以邀伴走进舞池，伴随悠扬的音乐翩翩起舞。这种餐厅服务模式深受顾客欢迎，开香港饮食文化先河，吸引了不少国外游客光顾。

伍舜德将美心的成功概括为下面几句话：

对客人：顾客第一，以事论事，美观清洁，质料合理；

对职员：个人创造，因材而用，论功行赏，赏罚分明；

对办事：检讨改革，急起直追，真实报告，真心意见；

对子侄：管教铺规，量材而用，督促励进，以身作则。

1980年初春，伍舜德、马兰芳夫妇与40多位外国人一同组团，到内地旅游、考察，第一站是上海。"文革"浩劫后的上海，交通、市容、秩序混乱，目睹这一幕的外国人连声嘲笑道："中国人，没教养；中国，没希望了！"随后，参观上海市少年宫。天真活泼的小朋友们，用童稚的语言、逗乐的行动，将这群外国人逗得开怀大笑。离开少年宫时，先前说三道四的外国人，语气换成了称赞。伍舜德由此触发了"民富国强，教育为本"的思想，他要尽毕生之力，助力发展祖国的教育事业。

伍舜德为了实现教育兴国的志向，下决心在家乡办一所中学。他相信，良好的教育能改变人的命运，是振兴家乡经济的强有力的手段。1984年8月，由伍舜德捐资550万港元兴建的、设备齐全、以他父亲的名字命名的初级中学——台山学业初级中学在台山四九镇塘虾山落成。"今天学校好儿童，明日国家主人翁"，是伍舜德对家乡孩子们的寄望。为此，他把自己几十年经商的成功经验运用到学业中学的管理上来，亲自为学校制订办学目标。他检查学校卫生时，不看操场看厕所，不看正面看背面，不看地面看门角，大处着眼，小处入手，见微知著。他最注重师生的精神，认为"办事要成功，四成靠物质,六成靠精神,精神远胜物质"。

伍舜德重金设立"厕所洁净奖",规定厕所卫生必须由学生自己动手打扫,以培养学生的公德心和自立能力。学业中学校园面积4万多平方米,建筑面积1万多平方米,竟没有请一个杂工!广东省教育厅检查组的领导感叹:"连厕所都如此干净卫生,学校的管理水平就可想而知了啊!"

伍舜德的捐赠与其自身的节俭同样让人感叹。有人提议:台山市少年宫常常要接待外宾和上级领导,可否为各位教师购买一套价值1000元左右的礼服?伍舜德听后,微笑地指着自己身上的西服说:"你们猜猜,我身上这套西服多少钱?"人们望着伍舜德身上笔挺的西服,谁都知道,他作为香港美心饮食集团的董事长,身价何止亿万?就估算说:"起码超过几千元吧?"伍舜德解开西服的扣子,将底衬翻出来,人们凑近一看标签,上面清清楚楚地写着缝制时间是1963年。

这时,伍夫人说:"他呀,从来都不讲究时兴的名牌衣着,身上的这套西服,我都叫人为他改过几次了,原来是大领的,后来不兴大领,就改成中领,不兴中领了,他又叫我改成小领的。真是服了他了。"

伍舜德接着说:"衣服并不是越贵越好,穿着不一定要华丽,只要干净、整齐就行,人在质不在貌。少年宫是培养祖国未来接班人的重要阵地,教师们的言传身教很重要,这一点希望大家引以为勉。"

| 人 物
| 档 案

伍舜德(1912—2003),实业家、饮食界泰斗、慈善家。1935年从岭南大学商业经济系毕业后,供职于香港陆海通有限公司。1956年,由其创建的美心餐厅开张,并由此成长为美心集团,属下数百间

中餐、西餐、快餐、饼店,业务遍布香港地区及东南亚,成为享誉香江的饮食集团,位列香港饮食界前列。从1983年捐建纪念其父伍学业的台山学业初级中学起,教育捐赠涵盖从幼教到高教,惠及五邑大学、中山大学、清华大学。他为家乡建设竭尽全力,台山人民尊称他为"旅外市长"。

"世界和平女神"雕塑傲立伶仃洋前

李庆双

> 白鸽，你是和平的化身，
> 我放飞你在自由的天空，
> 因为我有颗博爱的心。

在中山大学珠海校区伍舜德国际学术交流中心广场，矗立着一尊著名艺术家遥远创作的"世界和平女神"雕塑（图1）。雕塑用不锈钢制作，高10米，重16吨。雕塑的造型十分飘逸、传神，她舞动绸带的双手自由地舒展，左手高高地托起一只展翅欲飞的白鸽。遥远先生介绍说："它是一个中国的中字，代表中华、中庸、中和、中立；它是一个和平的平字，表达的是平和、平静、平安、平息，它就是中华民族和平的企盼吧。同时它也是一个W字，代表世界、女性、崇高和温暖；是一个V字，表达的是和平的事业一定胜利。"

"世界和平女神"雕塑的安放地点也十分有意义，她面海而立，前面就是珠江口，即伶仃洋。作为民族英雄文天祥的第24代孙，遥远感慨万千："我非常感动，能够放在珠海的伶仃洋边，这是当年我的先祖文天祥写《过零仃洋》这首诗篇的地方。他所说的'辛苦遭逢起一经，干戈寥落四周星'就是不忍看到到处都是战火的世界，不愿看到祖国江山的支离破碎，所以它是一个仁爱经，是一个报国经，是一个和平经，是祖国统一经。今天，我想可以告慰他老人家了。"

渴望和平是人类永恒的梦想，和平鸽作为和平的象征由来已久。1949年，毕加索向保卫世界和平大会捐献了一幅石版画，画上是一位俊秀美丽的少女头像，边上有一只振翅欲飞的鸽子。那只历经沧桑、

图1 "世界和平女神"雕塑

饱经忧患的鸽子,圣洁而无比美丽的鸽子,满含着毕加索的追求和希望的鸽子,是给全球带来和平安宁的"和平鸽"!它立即成为和平的象征,迅速出现在世界各地,被人们称为"和平鸽",毕加索则被称为"和平鸽之父"。智利著名诗人聂鲁达作了一首诗:

  毕加索的和平鸽展开翅膀,
  翱翔在世界的每一个地方,
  任何力量也无法,
  阻止它的翱翔。

  中山大学具有光荣的革命传统和家国情怀,更热爱和平。孙中山先生临终之际,在病榻上念念不忘的是:"和平……奋斗……救中国!"为庆祝中山大学80周年校庆,弘扬孙中山提倡的"天下为公""世界大同"的精神,向世界表达中国人民爱好和平的真挚愿望,时任中山大学党委书记李延保极力促成将遥远先生创作的"世界和平女神"雕塑第二尊制成品落户中山大学珠海校区。第一尊"世界和平女神"雕塑制成品于同年6月纪念诺曼底登陆60周年之际，在诺曼底西部面对大西洋的格朗康迈西市广场上永久竖立。在2004年11月12日校庆日举行的雕塑安放典礼仪式上，李延保书记说："中大是孙中山先生创办的，孙中山先生'世界大同'理念、迎头赶上世界先进文化，把中国从根上救起来，就是要培养中国的无数的英雄、优秀的儿女，能为中国社会的进步服务，也为世界和平服务。"在"世界和平女神"雕塑前，中山大学珠海校区的学生高唱"飞，飞吧，啊，和平鸽……"以此祈求世界和平。

2015年是世界反法西斯战争暨中国抗日战争胜利70周年，为牢记历史，以史为鉴，继承中华民族不屈不挠、秉持正义、反抗侵略、争取民族独立的民族精神的优良传统，中山大学传播与设计学院的学生策划了在珠海校区"世界和平女神"雕塑前举行一场纪念世界反法西斯战争暨中国抗日战争胜利70周年宣誓活动，还在广州校区东校园举行了"中山大学抗日图片展"和现场宣誓活动。学生以铿锵的话语喊出了"中山大学学生保卫世界和平宣言"：

七十载风霜，抹不去法西斯的滔天罪行；风云变幻，淘不尽追求和平的永恒金砂。今我中大学子，站在时代潮头，向世界发出呼唤和平的声音——

世界浩劫，文明罹难，多载悲叹，警钟长鸣，白鸽翔飞，橄榄长青；前事不忘，后事之师，和平发展，和谐共生，继往开来，兴我中华！

校　徽

  校徽是大学的象征。中山大学的校徽为圆形图案，以国立广东大学的标志性建筑大钟楼为设计主体，借用中式园林中的海棠式洞窗与大钟楼外观组合成"中山"二字。由建校年份"1924"形成的一条从围墙大门到楼门的纵深大道，体现了中山大学深厚的学术积淀和辉煌的历史进程。校徽通体为标准绿色，代表生命、发展、永恒，象征着中山大学充满活泼、盎然的生机。

后　记

　　先从与中山大学的缘分说起。还是学龄前的时候，常常听同村老人于农闲时节，在村头那棵遮天蔽日的皂荚树下，给孩子们讲述中山先生民主革命的故事。给我印象最深的是民国时期，中山先生辞世，全国各地通用的挽联——"革命尚未成功，同志仍需努力"，横批"精神不死"。中山先生的光辉形象就是在那时，烙刻在我懵懵懂懂的脑海里。

　　后来，高中期间订阅《中学生数理化》，有一期封底印着中山大学广州校区南校园中区中山先生铜像的正面照片，下面有简单的介绍文字。看到铜像的一刹那，与幼年的记忆发生碰撞，我下定决心，要报考由中山先生创办的大学——广州的中山大学。

　　我如愿以偿，考入中山大学。就读历史系的时候，系主任陈胜粦教授给新生的入学讲话，把陈寅恪教授特立独行的学人风骨烙刻在我的记忆之中。中文系的商承祚教授，我就读中山大学期间还健在，校园里流传着商老的各种传说，与我在校园里看到的商老，经常在我的脑海里回旋。

　　毕业后，留在母校工作。单位领导无微不至的关怀，是我敬业爱岗的缘由。1998年，一个到校外工作的机会与我不期而遇，是直奔车子、票子，还是留在中大，固守专业？我犹豫了，失眠了。单位领导先后找我谈心，事业留人、感情留人，让我选择留在学校，继续默默无闻的本职工作。2002年，编辑《教育家许崇清》画册的时候，我跟随单位领导拜见许老后人，得到其支持，提供相关文物，扫描后，原件奉还许老后人。这个过程让我得到一次从史料角度的跟新中国成立后中山大学首任校长的"历史对话"。许崇清出身名门望族，生长的环境就是今天的广州高第街许地。编辑画册的过程，引发了我对广州许地的关注，从广州许氏家族、从与中山大学的历史渊源来认识与许地相关联的人物，如许广平、鲁迅等。在参加《黄焕秋教育文集》编撰的过程中，我有幸在黄焕秋老校长生前，多次到其府上拜访，聆听教诲，见识了黄老，这位老红军战士、教育的革命家、革命的教育家的风采。

在探访中山大学重要历史节点的两位掌校人之后，我审视自己的工作，我曾经这样定位自己与工作：温润人、风雅事。后来，学校主管副校长颜光美教授，在一次全校档案工作会议上说，档案工作是高尚的、有品位的工作。我想，我的专业工作，不仅是服务学校的教学、科研和管理的需要，也是满足广大校友与社会的需要。更重要的是，用专业工作这个平台，向学校、社会展现中山大学的形象、中大学人的风骨，使我工作的服务对象沐浴和煦的春风，为学校的发展激发正能量。

和李庆双老师认识多年，两人经常在校道上讲起中山大学的著名学者、历任掌校人的风采。当他邀我一起指导学生申请学生处校园公益重点项目的时候，我欣然答应。

感谢这样一次机会，为校园文化建设做点工作，我从中获得了精神力量，获得了某种重生。

传播与设计学院毛思璐、蒙柳盈等学生团队"雕塑上的中山大学"项目组，一期有文字组：邓敏灵、孙正阳、苏幼真、张凡、李嘉丽、陈钇瞳、梁碧素；摄影组：蒋玉、龙旖旎、黄莹、刘家宜、薛琪；设计组：刘嘉怡、管春香、罗瑞霖、陆泳铧、李欣、朱静芸、吕叶子；联络组：麦晓雯、朱芸。二期有李茜、巫海维、黄佰全、王惟鼎、毕玉婷、王钰杰、张一荻等。先后和这30多位同学围绕雕塑资料收集、文稿撰写等的积极互动，无论对我还是同学们，这个过程都是对中山大学校园人物学脉传承的过程。

近年来，学校提出"德才兼备、领袖气质、家国情怀"十二字人才培养目标。认真学习、理解这十二字人才培养目标，在中山大学工作这么多年的我，第一次有种活明白的感觉。按照十二字人才培养目标，去规划自己的工作目标、去自励自己的成长。德才兼备是智识储备，领袖气质、家国情怀是中大人应有的格局。无论是学生还是教职员，你可曾想过？中山大学是世纪伟人中山先生亲手创办，作为中山大学一分子，你是否接受了中山先生"天下为公"的理念，接过了振兴中华的大旗？我认为，每一个进入中山大学的人，都应该有继承中山先生革命精神，振兴中华、继往开来的宏大理想。中山先生的人生，概括为奋斗。今天践行中山精神，就是实现中大梦、中国梦。从学校十二字人才培养目标重新审视，"雕塑上的中山大学"项目涉及的人物，正是历史上涌现出的、符合这十二字人才培养目标的代表。校园雕塑，每天都会映入眼帘，叙说雕塑人物德才兼备、领袖气质、家国情怀的故事，在轻松愉快的氛围中，让人领略历任校长、学问大家、善人善举的感人事迹，从而追求德才兼备、领袖气质、家国情怀的精神力量。

我们试图通过校园雕塑人物的话语、故事，展现这些人物的家国情怀，力争用文字叙说再现人物的亮点，树立催人奋进的精神形象。我们明白，人物研究需要推陈出新。由于资料有限，一些人物风采的展现，缺憾在所难免，敬请读者不吝赐教。